中国商业银行
信用风险管理优化研究：
单一限额、组合管理与集中度

任秋潇　著

中国金融出版社

责任编辑：明淑娜
责任校对：李俊英
责任印制：程　颖

图书在版编目（CIP）数据

中国商业银行信用风险管理优化研究：单一限额、组合管理与集
中度/任秋潇著．—北京：中国金融出版社，2021.3
ISBN 978 – 7 – 5220 – 0004 – 6

Ⅰ. ①中…　Ⅱ. ①任…　Ⅲ. ①商业银行—银行信用—风险管理—
研究—中国　Ⅳ. ①F832.33

中国版本图书馆 CIP 数据核字（2021）第 032444 号

中国商业银行信用风险管理优化研究：单一限额、组合管理与集中度
ZHONGGUO SHANGYE YINHANG XINYONG FENGXIAN GUANLI
YOUHUA YANJIU：DANYI XIANE，ZUHE GUANLI YU JIZHONG DU

出版
发行　**中国金融出版社**

社址　北京市丰台区益泽路 2 号
市场开发部　（010）66024766，63805472，63439533（传真）
网 上 书 店　www.cfph.cn
　　　　　　　（010）66024766，63372837（传真）
读者服务部　（010）66070833，62568380
邮编　100071
经销　新华书店
印刷　北京市松源印刷有限公司
尺寸　169 毫米 ×239 毫米
印张　9.5
字数　135 千
版次　2021 年 3 月第 1 版
印次　2021 年 3 月第 1 次印刷
定价　40.00 元
ISBN 978 – 7 – 5220 – 0004 – 6
如出现印装错误本社负责调换　联系电话（010）63263947

序

虽然我国资本市场近年来取得了长足的发展，企业的融资环境得到了持续的改善，但银行信贷仍是企业获得资金的主要渠道，是产业资金构成的主要力量。信贷利息一直是商业银行的主要收入来源，我国商业银行一些年里在"高歌猛进"的市场环境下片面追求短期业绩增长，随后发生不良贷款频出现象。银行对于信贷投放，常常存在"信用悖论"的困惑：现代经典的风险管理理论要求银行在管理信用风险时遵循投资分散化原则，防止授信集中化，尤其是在缺乏有效的对冲信用风险的手段情况下，分散化更显得重要；然而，受限于地区经济特色和银行的营销能力，银行在信贷业务实践中无法执行该原则，许多银行的贷款业务分散程度不高。信息和成本是导致信用悖论的两个主要原因，具体表现在以下几个方面：一是银行对企业信用状况的了解主要来自其长期发展的业务关系，这种信息获取方式使银行比较偏向于向老客户放贷；二是基层银行的贷款业务范围局限于其所处地区，故贷款对象集中于当地发展比较好或银行比较了解的几个领域或行业；三是贷款分散化使贷款业务小型化，不利于银行在贷款业务上获取规模效益。

《中国商业银行信用风险管理优化研究：单一限额、组合管理与集中度》一书从单一客户限额、行业信贷组合、集中度管理三个维度探讨了对一个企业客户核准多少授信额度，对一个行业最多给予多少贷款，信贷布局应该采用更集中还是更分散的策略，以及如何基于收益、风险和资本之间的平衡实现信贷组合管理。作者结合国际前沿理论及自身银行业务经验，创新性地构造了一种单一客户授信限额的多因子授信模型，将单一客户的授信限额分解为企业还款能力与银行贷款意愿两部分，并实现授信限额估算。在构造信贷组合优化模型时，加入风险相关性、风险容忍度、经济资本的约束，降低组合的整体风险，增加收益并提高资本的使用效率。本书的研究对我国商业银行单一信贷限额、信贷组合优化配置的实践提供了理论基础和一个可估计的框架。2014 年巴塞尔委员会发布了《计量和控制大额风险暴露的监管框架》，该框架系统性地阐述了大额风险暴露监管要求，反映了信用风险集中度管理、防范系统性风险的最新监管要求。因此，本书的研究成果对大额风险暴露监管要求的实践也具有重要的参考价值。

　　本书作者受过系统的经济和金融学专业训练，且具有丰富的银行工作经验，本书理论结合实践，是她多年积淀的凝结，可供对中国商业银行信用风险管理这一话题感兴趣的读者阅读参考。

王一鸣

北京大学经济学院金融系主任、博士生导师

2020 年 12 月

自　　序

　　2008 年的夏天，我通过选拔，作为北京大学交换学生赴耶鲁大学访学，那时金融危机在美国初显威力，经济学课堂上老师带领大家对次贷危机里的复杂信用衍生品及银行的行为展开激烈讨论，抱着向西方发达国家学习先进经验的初衷的我，不禁困惑，也开始思考，到底是什么使这些世界上最顶尖的银行面临信用违约直至破产的危机，信用风险是可以被管理并消减的吗，我国的银行未来怎样做才可以避免危机重蹈。这些问题一直萦绕在我的心头，始终挥之不去。自此，我开始大量阅读相关书籍及文献，密切关注与信用风险有关的话题和实践经验，将"信用悖论及其破解的理论分析与检验"作为本科毕业论文研究主题，认为信用风险管理依赖使用"历史记录"来监控"未来偿付"，这种期限的错配性导致其内在的脆弱性，建议通过施加外部约束、延长博弈过程、纳入风险冲击预期等方式来破解这一难题，并发表在北大核心期刊上。

　　2012 年我硕士毕业，进入中国银行总行授信管理部工作，这是我第一次深入接触真实的金融世界，对商业银行如何进行信用风险管理有了更为直观的理解和认识。我入行的时间正好处于中国经济进入下行周期，GDP 增长速度由两位数向一位数转变，并不断趋缓，相应地，整个银行业的不良率和不良余额连年双升，不良率由 1% 以下向 1% 以上攀升。在这样的背景下，银行业面临的"黑天鹅"和"灰犀牛"事件增多，信用风险管理承受了巨大的压力和挑战。在进行风险排查、化解潜在不良客户、核定授信限额、制定授信策略和信贷政策的过程中，我走访了不同地区、不同行业的大量企业客户，亲眼看到一些昔日的行业巨头由于种种原因资金链断裂，轰然倒下。在面对一个又一个具体案例时，我在不停地总结和反思，我国商业银行的信用风险管理怎样做才能更为优化，由被动应对风险向积极的资产配置和主动的风险管理转变，实现风险、收益和效率的平衡，不断提升银行的价值。其间我的一些研究成果发表在《国际金融研究》《金融论坛》《中国金融》等核心期刊上，并获得了行内的优秀论文一等奖。

带着上面提到的问题，我阅读了许多公开的研究报告和文献，也与银行同业进行过不少交流，发现现有的国内研究更多的是从定性的角度去描述，通过经验法则和专家判断来为信用风险管理提供建议，量化支撑相对不足；国外的研究更多是从定量的角度，依赖成熟的高级模型作为信用风险管理的支撑。但是这些模型和量化方法往往对基础数据和系统有更高的要求，有的方法过于复杂，并不适合银行的实际工作。为了进一步提升理论水平，将国内外学术前沿的成果应用于解决实际问题，在工作的同时，我于2013—2017年重回北京大学经济学院攻读博士，并将商业银行信用风险管理优化研究作为博士论文的方向。在攻读博士期间，我与王一鸣教授、李连发教授、刘玉珍教授等就此话题进行了很多深入并收获颇丰的交流讨论，他们分别从不同角度提出了宝贵的建议，特别是我的导师王一鸣教授，对博士论文进行了很多细致的指导，让我受益良多，使我的研究思路和写作素材得以不断丰富和完善。

2017年，我外派伦敦，开启了在英国为期三年的工作和生活，对国际信用风险管理的理论及实践有了更多接触和了解的机会。在此期间，我有幸同剑桥大学Judge商学院的Simon Tylor教授和风险中心主任Daniel Ralph教授就有关问题进行了深入交流和讨论，并受邀参加剑桥大学风险中心全球风险指数年会，与业界及学界的研究者们进行了积极探讨，开拓了视野，收获很多。由于监管特点、行业结构及经济发展阶段不同，国内外信用风险管理的角度和思路也存在差异。从那时起，我萌生了以博士论文为基础，辅以最新的国际理论及展望，将自己近年来在商业银行信用风险管理上的研究和思考出版成书的念头，以期为中国商业银行的从业者提供一点启发，并以此作为引玉之砖，吸引更多专家学者加入商业银行信用风险管理优化的研究中。

本书回顾了国内外学术界对商业银行信用风险管理的研究，并结合国际先进银行的管理经验和我国现有管理实践的不足，从单一客户限额、行业组合管理、集中度三个维度，研究了银行对一个客户最多核准多少授信，对一个行业最多给予多少贷款，信贷布局应该采用更集中还是更分散的策略。通过模型改进及实证检验，本书对中国商业银行信用风险管理进行了一些改进尝试，为优化中国商业银行的信用风险管理水平提供了一些参考，力争促进中国商业银行在信用风险管理上更精确，授信策略上更有据可依，最终实现提高收益、降低风险、创造价值的目的。

受到新冠肺炎疫情的影响，国内外经济都面临巨大挑战，作为实体经济的源头活水，商业银行如何有效把控信用风险，更好地布局信贷资产，是助力实体经济复苏，推动经济高质量发展和构建新经济发展格局的关键，因此，在当前形势下，探讨这一话题就有更为重要的现实意义。与此同时，信用风险管理面临的挑战也不断发生变化，尤其伴随着《巴塞尔协议 Ⅳ》的出台及《国际财务报告准则第 9 号——金融工具》（IFRS9）的落地，以及国际上将环境与气候风险纳入风险分析框架的呼声愈发强烈，各国纷纷提出绿色复苏的倡议，信用风险管理优化需要探索和研究的问题仍然很多，本书的一些建议还需要在实践中进一步检验，并根据实际情况的变化而进行相应调整，因此，从这一角度讲，本书的研究仅仅是一个开端，希望促成有志于研究这一领域的学者进行更多的评估与探索，更好地服务于我国实体经济发展的大局。

需要说明的是，为了更加严谨规范地对商业银行信用风险管理展开分析和研究，本书引入了比较多的数理模型和实证检验，一定程度上增加了这本书的阅读难度，但作者尽可能用较为通俗的语言进行描述，模型和数据也能更科学地支撑本书的结论，从而为政策建议和后续的优化及改进提供启发。当然，由于作者的能力和时间有限，这本书难免存在不足和疏漏之处，恳请各位读者坦诚指点，不吝赐教，鞭策我在今后的研究中不断改进和提升。本书仅代表作者个人学术观点，与供职单位无关，文责自负。

任秋潇
2020 年 12 月

目　　录

第一章 引 言

一、研究背景

2008 年国际金融危机以来，中国经济受到需求不振、产能过剩和杠杆过高等不利因素的影响，GDP 增长率从 2007 年的 14.23% 逐步降低到 2019 年的 6.11%。我国商业银行资产占整体金融业资产的 90% 以上，直接融资比例占社会总融资规模的 80% 以上，是实体经济资金的主要来源，也是实体经济资源配置的核心。随着我国经济进入"三期叠加"的新常态，银行业发展承受了巨大压力，不良余额、不良率及拨备覆盖率呈现双升一降的态势，2019 年的不良余额是 2009 年的近 5 倍，不良率从 2012 年 0.95% 的低点逐步攀升至 2019 年的 1.86%，拨备覆盖率则从 296% 下降到 186%（见图 1.1）。银行业经营环境更加复杂多变，各类风险事件向银行业传导后往往以信用风险的形态集中呈现。近期，受全球新冠肺炎疫情冲击及中美贸易摩擦等影响，内外部形势更加复杂多变，经济下

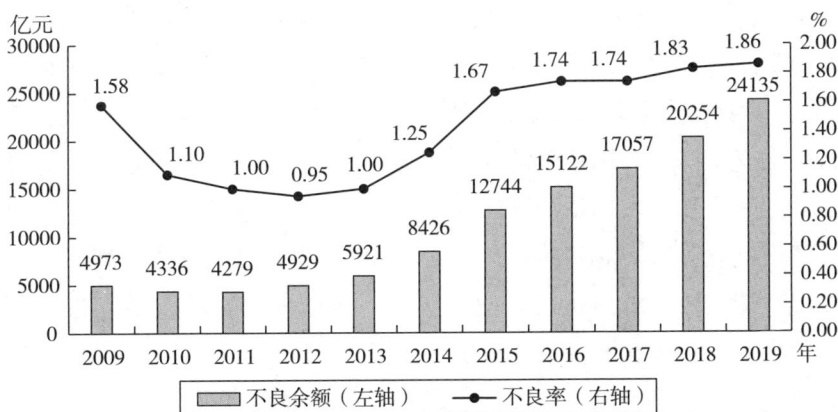

图 1.1 近年来商业银行不良贷款余额及不良率指标

（资料来源：Wind 数据库及作者整理）

1

行潜在压力还将进一步加大，银行业的信用风险管理也将面临更多挑战。有效防范和化解信用风险，推动商业银行稳健发展，是助力我国经济高质量发展，构建新发展格局的重要因素。

2008 年国际金融危机之后，为了弥补欧美国家金融体系的重大制度性漏洞，金融稳定委员会和巴塞尔委员会对国际金融监管框架进行了一系列根本性的改革。2013 年 1 月，巴塞尔委员会正式发布了《巴塞尔协议Ⅲ》，对金融机构的资本质量、杠杆率、表外业务和集中度都提出了更高的管理要求。2014 年巴塞尔委员会发布了《计量和控制大额风险暴露的监管框架》，该框架系统性地阐述了大额风险暴露监管要求，反映了信用风险集中度管理、防范系统性风险的最新监管规定，并要求所有的国际活跃银行于 2019 年 1 月 1 日开始实施相关要求。2017 年，巴塞尔委员会发布了银行业全球监管框架的一系列改革建议，拟对银行业的资本管理提出更高的要求，简化内评法模型，限制内评法的使用范围，并对不同银行的内评法模型重要参数的下限进行标准化，使其更具可比性，在业界被称为《巴塞尔协议Ⅳ》，其最终版于 2019 年发布，并要求银行于 2022 年初开始采纳，2027 年初完全应用，由于新冠肺炎疫情危机，实施要求被考虑延后一年。这一监管框架将大幅提高银行对资本的要求。

针对国际监管形势和我国经济下行期积聚的风险，党的十九大将防范化解重大风险列为"三大攻坚战"之首，其中防范化解重大风险的重点是防控金融风险。习近平总书记强调"金融安全是国家安全的重要组成部分"，要把主动防范化解系统性金融风险放在更加重要的位置，着力完善金融安全防线和风险应急处置机制。"十四五"规划明确指出"维护金融安全，守住不发生系统性风险底线""健全金融风险预防、预警、处置、问责制度体系，对违法违规行为零容忍"。针对银行业资产质量承压的情况，国内监管部门也相应出台了一系列的监管指引，要求银行更好地评估风险，积极预警并化解风险，提升资产质量。例如以《中国银监会关于进一步加强信用风险管理的通知》（银监发〔2016〕42 号）要求改进统一授信管理，在全面覆盖各类授信业务的基础上，银行业金融机构应确定单一法人客户、集团客户以及地区行业的综合授信限额；完善集中度风险的管理框架，建立满足穿透管理需要的集中度风险管理信息系统，多维度识别、监测、分析、管理集中度风险，并设定相应的限额。《中国银监会关于银行业风险防控工作的指导意见》（银监发〔2017〕6号），从摸清风险底数，严控增量风险，处置存量风险，提升风险缓释能力等方面再次强调加强信用风险管控，维护资产质量总体稳定。2020年10月，人民银行发布《商业银行法（修改建议稿）》并向社会征求意见，新增了授信审查要求、强化贷款用途审查、要求加强客户适当性管理，不得过度放贷和掠夺性放贷，对商业银行经营提出了更高的合规要求。

表1.1 2008年国际金融危机以来中国监管机构关于信用风险出台的主要办法

发文日期	标题
2019 年 4 月	关于《商业银行金融资产风险分类暂行办法（征求意见稿）》公开征求意见的公告
2018 年 5 月	商业银行大额风险暴露管理办法
2018 年 1 月	关于印发衍生工具交易对手违约风险资产计量规则的通知
2017 年 1 月	中国银监会关于规范银行业服务企业走出去加强风险防控的指导意见
2016 年 9 月	银行业金融机构全面风险管理指引
2015 年 2 月	商业银行并购贷款风险管理指引（2015 年修订）
2011 年 3 月	关于做好住房金融服务加强风险管理的通知
2010 年 6 月	银行业金融机构国别风险管理指引
2010 年 6 月	商业银行集团客户授信业务风险管理指引（2010 年修订）
2008 年 10 月	商业银行信用风险缓释监管资本计量指引
2008 年 10 月	商业银行信用风险内部评级体系监管指引

资料来源：Wind 数据库、中国银行保险监督管理委员会网站及作者整理。

虽然商业银行已经朝着多元化、综合化的方向发展，但信贷资产仍是中国商业银行最重要的资产组成部分，根据 Wind 数据库中的 15 家上市的多元化商业银行的数据，截至 2019 年底，这些银行的贷款余额占资产总值的 54%。利息收入是中国商业银行收入的主要来源，根据中国银行保险监督管理委员会（以下简称银保监会）的统计，截至 2020 年第三季度，商业银行的非利息收入占比仅为 22%。信用风险仍是中国商业银行面对的最主要的风险类型。对于表内信贷，一旦客户信用违约，银行

3

将直接承担损失；对于表外传统贸易融资，例如银行开具保函和信用证，虽然收入类型发生了改变，由利息收入变成了手续费收入，但客户一旦违约，银行的表外或有负债就会转入表内形成垫款，仍由银行承担客户的信用风险和最终的损失；对于类信贷产品，虽然产品名称和资金来源发生了改变，但一旦客户出险，银行为了防止声誉风险，会将兑付的声誉风险转换成信用风险，最终承担客户的违约损失。

在中国经济承受下行压力，国际、国内监管趋严，信用风险仍是商业银行面临的主要风险的这一时代大背景下，研究商业银行的信用风险管理就显得十分必要，商业银行不应再容忍野蛮、粗放的业务增长模式，更不能出现"大发展、大不良"的局面，面对复杂多变的形势，如何理性选择客户、行业，把控集中度风险，精准施策，并在坚守风险底线的前提下实现业务高质量的发展，既是商业银行作为我国金融体系最重要的主体的责任担当，又可以使商业银行提升前瞻性和预测能力，更好地增加收益，降低风险，应对挑战。本书立足这一时代背景，力图评估和设定单一客户的风险限额，减少客户风险暴露可能造成的损失；调整和优化行业结构，更好地配置信贷资产，从组合层面实现降低风险、提升收益和提升资本使用效率的目标；合理把控客户及行业的集中度风险，提升银行的资产质量。通过这三个维度的探讨，为我国商业银行信用风险管理的优化提供参考，更好地服务于我国实体经济转型改革的大局。

二、本书的研究目的、方法及逻辑结构

（一）研究目的

本书研究目的是针对中国商业银行信用风险的现状和不足，提升中国商业银行信用风险管理的水平。

从国际、国内的研究及实践来看，信用风险管理的发展经历了较为漫长的过程，呈现出由"拍脑袋"决策到精准量化、由单一判断到组合管理的趋势。国际先进银行不论是单一还是组合，都已经有了较为坚实

的理论和量化基础，为风险的识别、评估、监测和控制提供了有力的支撑。虽然和自身相比，经过股份制改革和巴塞尔协议的应用，中国商业银行在信用风险的流程管理、框架设立和量化建设上有了长足的发展和进步，但同国际先进银行相比，不论是单一客户的风险判断、信贷组合的评估，还是集中度的授信策略，都存在较多不足。例如，在实践中，对单一客户的授信额度审核仍以经验判断为主，量化支持较为薄弱，并且由于量化结果不准确，量化往往只能起到有限的参考作用；组合层面的管理虽有一定的内部模型，但较为简单，没有考虑到不同信贷资产间的相关性，更多的是自下而上的简单加总，这样的组合限额没有起到分散风险的作用，并且往往会根据银行偏好和市场的实际情况对模型的结果实施人工调整，缺乏量化的依据和对整体组合影响的分析；对于集中度的授信策略选择，是相对集中于几个行业和大客户，集中力量办大事，发挥专业优势，还是较为分散地分布在不同的行业和客户，分散不确定性造成的风险，也并没有充分的量化依据作为支撑，存在争议。

基于上述中国商业银行信用风险管理的现状与不足，本书根据作者长期从事商业银行信用风险管理工作的实践与思考，将其攻读博士期间学习研究的相关理论与模型与银行信用风险管理的实践结合，对中国商业银行信用风险管理在单一限额、组合管理、集中度三个方面作切合实际的改进尝试，为优化中国商业银行的信用风险管理实践提供一定的参考，力争让中国商业银行在信用风险管理上更精确，授信策略上更有据可依，最终实现提高收益、降低风险的目的。

（二）研究方法

本书主要采取了以下研究方法。

第一，理论与实践相结合。本书既对信用风险管理相关的学术文献进行了较为全面的梳理与回顾，又对国内外的实际情况进行了系统性的介绍。第二章文献综述部分侧重于理论考察，着重研究信用风险管理的一般原理和基础理论。第三章商业银行信用风险的管理实践部分则侧重于实践考察，着重研究信用风险管理的历史与现状，经验与规律。后面的三章在单一客户、信贷组合和集中度三个方面，均从理论出发指导实践，以理论分析为基础，从不同角度提出了理论上的创新与优化，并进行了实证检验，从而可以有效地指导和解决实际问题。

第二，国际与国内相结合。本书虽然最终是要实现国内商业银行信用风险管理的优化，但是在文章主体的每一个部分都进行了国际和国内的对比分析，找到国内的差距与不足，并采用最适于国内商业银行的方法进行优化。例如，文献综述部分介绍了国外和国内的学术研究情况，历史沿革部分介绍了国际和国内信用风险管理的发展情况，对于单一客户、信贷组合和集中度三个主要优化的问题，都结合国际先进经验和国内管理实际进行了优化研究，并采用国内的实际数据对研究结果进行了验证。

第三，模型与实证相结合。本书既构建了理论模型，又采用了实证检验的方法，研究了如何对中国商业银行信用风险管理进行优化。在理论模型方面：在单一客户层面，以多因子回归模型为基础，结合信用风险相关理论，搭建适合国内商业银行客户情况的单一客户多因子限额模型；在组合管理层面，则以现代资产组合理论为基础，通过均值方差模型、误差跟踪模型、非线性规划、最优化理论等一系列工具，构建了我国商业银行行业信贷组合管理模型；在集中度层面，以累积集中度为核心，通过添加虚拟变量和交叉变量，构建了多元回归模型。在实证检验方面：在单一客户层面和集中度层面，均使用 Stata 对实际数据通过多元回归方程进行了固定效应的面板回归；在组合管理层面，使用 Matlab 对实际数据进行了带约束条件的最优化目标函数规划求解。计算结果与分析具有较强的实用价值，可以为商业银行的业务实践提供一定参考。

（三）逻辑结构

本书分为七章。第一章为引言，阐述了全书的写作背景及目的，说明了理论基础和研究方向。围绕这一背景和目的，介绍了本书的主要内容、研究框架和研究脉络，梳理了主要使用的研究方法，并点明了亮点和创新点。

第二章文献综述与本书创新点，回顾了国际和国内相关的学术文献，对商业银行信用风险管理在单一客户、组合管理、集中度三个方面的国内外文献分别进行了较为全面的梳理，是全书的理论基石，并为接下来的优化奠定了理论基础。

第三章商业银行信用风险的管理实践，从商业银行信用风险的管理框架、发展思路与限额设定的维度回顾了商业银行的信用风险管理实践，介绍了国际先进经验和中国商业银行信用风险管理的现状与不足，为接下来的优化奠定了现实基础。

第四章银行意愿、企业还款能力与单一客户授信限额，构建了一个单一客户授信限额的多因子模型，将银行授信额度的问题拆解为企业还款能力及银行贷款意愿两部分，对于企业还款能力，分轻、重资产行业选取不同的关键性指标，根据企业在行业内的相对位置判断其还款能力；对于银行贷款意愿，首次提出银行贷款意愿这一指标，并较为全面地考察了企业的偿债能力、盈利能力、现金流状况、违约可能性、企业性质、所在行业等指标对银行贷款意愿的影响，试图打开银行授信的"黑匣子"。最后，本章使用发债企业的面板数据进行了固定效应的实证检验，发现银行授信意愿与企业的行业、违约可能性、债务水平、盈利能力、成长性等因素相关。

第五章行业组合管理视角下的信贷优化模型设计与分析，构建了两个信贷组合管理的优化模型。第一个是基于最优增长率的均值方差模型，考虑了模型收益、风险和资本间的平衡，加入风险相关性、风险容忍度、经济资本的约束，降低组合的整体风险，增加收益，并提高资本的使用效率。在第一个模型的基础上，又建立了专家判断的主动配置模型，考虑了专家的经验，为在不同宏观经济形势、产业政策、风险偏好下银行主动配置信贷资源提供了依据。最后，本章运用我国商业银行的历史数据，实际验证了两个优化模型，并就优化效果进行了分析。

第六章信贷集中度与银行信用风险水平。为研究信贷集中度与商业银行风险之间的关系，本章用面板回归的方法，通过区分行业集中度与客户集中度，实证检验了中国16家上市的商业银行贷款集中度对风险的影响。主要结论是：行业集中度提升会增加商业银行的风险，客户集中度提升会降低商业银行的风险。当考虑到经济周期和行业集中度的交叉影响后，行业集中度累积效应对商业银行风险的正向影响加强了。然而，商业银行所有权性质的差异并没有影响到客户集中度对资产质量的影响。

　　第七章结论与展望，对全书进行了总结，概述了本书的几点结论，并给出了中国商业银行信用风险管理优化的政策建议。在此基础上，还介绍了国际和国内最新的研究趋势，为下一步的研究指明了方向。

第二章 文献综述与本书创新点

一、文献综述

本章主要对商业银行信用风险管理的学术研究进行梳理与回顾，并从本书重点关注的以下三个方面着手展开研究。

第一，单一客户授信限额。一个客户应该获得多少授信，是银行每天都需要面对的基本问题，而客户的违约可能性多大，是银行作出授信决策的重要的参考因素。因此本部分首先回顾了违约概率的计量与评估方法，既介绍了单因子、多因子等较直观的经验模型，又梳理了较为复杂的结构化和精算类的高级模型，并以此为基础，进一步探讨了违约概率评估方法在授信限额中的应用，从定性和定量的角度阐释了银行如何对单一客户核定限额。

第二，信贷行业组合管理。银行的资产由一个又一个客户的授信累积而来，对每一个客户的收益、风险进行简单加总，并不能得到最优的整体的资产组合。这部分文献首先回顾了经典的投资组合理论，包括均值方差法、单因子法和多因子法等。接下来回顾了经典投资组合理论在信贷组合领域的应用，包括信贷组合模型的计量和方法优化，由于信贷资产较一般资产在收益分配上具有不对称的特殊性，通常采用风险调整后的收益作为优化的对象。模型具体体现为渐进单因子模型、渐进多因子模型和基于收益—风险分析的信贷组合优化方法等，从而较为全面地介绍银行如何在不同行业间分配限额才能达到整体最佳的效果。

第三，信贷集中度管理。信贷集中度作为信用风险管理的一种约束手段和条件，银行究竟是应该加强集中度，投入特定的领域，利用专业的比较优势降低贷款的信用风险，还是应该降低集中度，分散风险，这是一个两难困境。本部分文献首先回顾了集中度度量方法，包括非模型依赖的集中度指标和模型依赖的集中度指标。接下来回顾了信贷集中度对商业银行信用风险管理水平影响的理论及实证研究，较为全面地总结了学界对信贷集中度约束作用的不同观点。

（一）单一客户授信研究

单一客户授信研究的相关文献主要分为两大类。第一大类是对违约概率计量与评估的研究。违约概率指客户不履行或推迟履行偿还银行债务的可能性。银行希望向不违约的客户提供贷款，只有客户具备还款能力，按时还款，才能减少银行的不良贷款，降低银行的信用风险，这也是银行持续经营的基础。具体的研究方法包括单因子、多因子、神经网络工具等经验模型，学界与业界开发的结构化和精算类的高级模型。第二大类是授信限额理论与模型研究，银行根据客户的还款能力及自身的偏好给予客户的最大贷款额度即为授信限额，授信限额的相关理论与模型也经历了从定性到定量，从单因子到多因子拓展的历程，很多研究都将经典的违约概率模型应用到授信限额的评估与核定之中。

1. 违约概率的计量与评估

目前国内外对违约概率的研究主要分为两类。第一类是对违约概率的评估研究。学术界主要使用经验模型，探寻影响违约概率最关键的因素有哪些，研究路径是通过企业的财务指标和其他历史信息进行因子筛选，经历了由 1800 年起的定性描述为主，到单因子方法（1900 年起）、多因子方法（1960 年底起），再到神经网络、机器学习等复杂模型（1990 年至今）的演化。第二类是浪据学界的成熟理论，国际知名金融机构依据巴塞尔协议的相关规定及银行实际经营需求开发出的各类高级风险模型，主要包括结构化模型和精算类模型。Chen 等（2016），Altman（2018），何珊等（2019）理论综述类研究均各有侧重地介绍了以上研究方法。

经验模型是根据借款人的财务状况及非财务属性，对违约和未违约的特征进行经验总结，从而建立评估违约可能性的模型，并应用于其他企业。虽然 Freedman（1995）将此类方法称为粗暴的经验主义方法，但由于简单可行，通俗易懂，往往是学界和业界最主流的研究方法。

经验模型最初采用的是单因子方法。从 19 世纪开始，学界对企业的违约问题就开始有一些经验性的定性描述，但直到 20 世纪初，Moody（1909），Standard and Poor（1916）和杜邦财务系统才初步引入了单一因素如 ROE 增长指标估测企业的财务状况。Beaver（1966）选取美国 1954—1964 年随机抽样的 79 家危机企业，并为这些危机企业一一匹配规模、行业相近的正常企业，比较两组企业 14 个财务比率在发生危机前 5 年的差异程度，发现现金流量/负债总额是预测财务危机的最佳指标。

由于单因子模型过于简单，无法全面衡量企业的情况，从 20 世纪 60 年代末期开始，研究逐渐向多因子方法扩展，运用方法也从简单的线性回归，到 Logit、Probit、半参数等方法。Altman（1968）的多元线性判断的研究方法是相关研究中最经典的代表。他提出了 Z - Scores 方法，将 66 个制造业企业的历史违约情况与 5 个主要的财务指标联系起来，Altman（1977）又提出了含有 7 个财务指标针对非制造业企业的扩展版本，即 Zeta 方法。Altman（2000）通过后评价，发现正确预测破产和非破产的准确度都相对较高，尤其对未来一年的正确预测率分别高达 96.2% 和 89.7%。后来这些经典模型被逐步拓展到针对不同类型企业的特色模型，如专门针对新兴市场企业的模型（Altman et al.，1995b）和针对中小企业的模型（Edmister，1972；Altman and Sabato，2007；Altman et al.，2010b）。随着进一步研究，多元因素往往不仅包括财务指标，还包含宏观情况和行业属性等非财务变量，例如 Bowen 等（1982）通过对 9 个行业的研究发现，不同行业的资本结构存在显著差异，以及 Altman 等（2010）提出的 Z - metrics 方法。Banerjee（2018）指出，过于宽松的金融环境和低利率，可能造成"僵尸"企业，使企业陷入财务困境。之后，学者们开始将一些行为因素加入模型中，认为评级机构受到"评级黏性"或收费因素的影响，对企业违约可能性的判断并不准确，需要对这些行为因素进行调整，才能真实反映企业的违约概率。如 Posch（2011）根据金融危机中人们对评级机构没能及时作出预判，调整对企业的评级发出质疑，认为存在"评级黏性"，应将评级机构评定的企业的违约概率调低两档才能抵消黏性的影响，反映真实结果。Bruno 等（2016）发现不论是发行人付费，还是投资者付费，评级政策和被监管机构认定为合规，对评级准确性的影响会更大。国内对违约概率和企业困境的研究起步相对较晚，大多采用多因子方法判断企业的违约可能性，如判别分析法和Logit 回归方法作为具体的研究工具，这些文献认为自己选择的变量有较强的预测能力，但国内的研究基本追随国外的研究模型，创新性和系统性不足，且仅适合较短期的预测。吴晓楠等（2010）对 50 家上市公司为研究对象，筛选出 5 个财务指标，并用 Logit 模型做了实证检验，发现对1 年内的预测效果最好。类似的文章还有宋振文和闫钰炜（2010）、梁伟森和温思美（2019）等。梁飞媛（2016）加入了 GDP 增长率，M_2 增长率及宏观经济景气指数等宏观经济指标，考虑了非财务指标对企业陷入危机的影响。

随着金融科技和大数据技术的发展，更多非传统非正态分布的信息被纳入考虑，例如社交媒体信息、公司治理信息等，神经网络和机器学习等复杂模型应运而生，方便解决非正态、非线性的计量与评估问题。这是一种仿真人脑思维过程和学习方法的人工智能系统，通过不断的学习训练，使理想的预测值逐渐接近实际情况。如 Khashman（2010）通过德国1000 个实际授信申请被接受或拒绝的案例建立了神经网络信用评估系统，并建议用作信贷申请自动处理的工具。Lahmiri 等（2019）对比了多种机器学习方法，实证检验了基于大数据的高级非线性机器学习比传统的回归方法在企业破产上的预测和评估更准确。但 Altman（2018）也提出了质疑，认为过于复杂的模型给不同研究者带来了对比上的困难，也给业界的应用带来了不便，现实世界中的使用者会对使用黑箱式复杂模型的评估结果产生不信任感。在国内研究中，曾嵘欣（2018）以商业银行表内业务和表外业务为切入点，利用贵州省地方法人银行的 500 家信贷企业财务数据，改进 BP 神经网络模型，模拟构建信用风险度量模型，取得了较好的效果。但刘祥东和王未卿（2015）以我国 A 股 325 家上市公司 2011 年和 2012 年的财务数据作为样本，利用贝叶斯判别法、Logistic 回归模型和 BP 神经网络模型对信用风险进行识别，发现 BP 神经网络模型的解释能力较弱。在实务界，由于神经网络和机器学习的模型过于复杂，银行工作人员也难以确定模型是否稳健有效，因此这种模型和方法较少被使用。

高级模型指 20 世纪 90 年代后，实务界根据巴塞尔委员会（尤其是《巴塞尔协议 II》关于内部评级法的要求）信用风险计量及管理的相关规定，在学术界一些相对成熟的理论基础之上，研发了一系列技术复杂的高级数学模型，用于信用风险违约概率的估计与度量。主要的模型有结构化模型和精算类模型。

结构化模型最初是基于历史数据和 VaR 框架来构建 CreditMetrics 模型（Gupton，1997），是 JP 摩根联合美国银行、BZW、DB、UBS 和 KMV 公司共同研发的。其采用信用迁移的方法（credit migration），基于已知历史数据估计企业由一个信用评级转移到另一个信用评级的概率矩阵，来刻画企业在任意时间范围内违约的可能性。而违约概率是转移矩阵最后一列的数值。在此基础上，计算出资产组合的远期价值以及波动率，进而利用 VaR 模型对风险组合的风险进行度量。此方法较为简单，有累积的历史数据就可实现，但是 Nickell 等（2001）等指出 CreditMetrics 的假设条件太严格，要求转移概率遵循马尔可夫过程，并且没有考虑到除转移矩阵之外的经济周期等宏观因素冲击的影响，因此预测的违约概率与实际存在差异。在此基础上，依据 Wilson（1998）提出的信用等级的转移会受到经济状态的影响这一观点，Mckinsey 公司开发了一个离散时间多周期 CreditPortfolioView 模型，将转移矩阵与宏观因素间的关系模型化，违约概率的影响因素包含了宏观变量，如失业、利率水平、经济增长率等因素的影响。该模型利用观测到的失业率、GDP 增长率、长期利率水平、汇率水平、政府支出和国民储蓄率等经济因素计算不同国家、不同行业、不同信用等级的违约概率和信用转移概率的分布函数。当经济处于衰退期时，各个信用主体降级和违约概率增加；相反，当经济处于繁荣时期，各个信用主体降级和违约的概率降低。上述两种模型均是离散测度违约概率，是静态向后看的模型。从另一种角度，利用连续性变量违约距离（DD），美国 KMV 公司（1993）利用 Black and Scholes（1973）及 Merton（1974）的期权定价理论，提出了一个向前看的动态 KMV 模型。该模型基于企业的资本结构假设和资产价值的几何布朗运动假设，

13

将违约时间定义为企业资产价值低于企业负债的时刻。根据公司资产的股价波动率到期时间、公司负债等估计出公司总资产的波动率，预测未来公司的资产价值。再根据公司的负债计算出公司的违约实施点（DPT，为公司 1 年以下短期债务的价值加上未清偿长期债务账面价值的一半），计算借款人的违约距离。KMV 模型利用历史数据估计出公司的违约距离与预期违约率（EDF）之间的对应关系，从而由公司的违约距离得到估计的预期违约率。KMV 模型的优势在于以现代期权理论基础为依托，充分利用资本市场的信息而非历史账面资料进行预测，将市场信息纳入了违约概率，更能反映上市公司当前的信用状况。随着大数据技术的发展，将支付信息、治理信息和报告处理时间信息等纳入模型的 Credit Risk Monitor 修正模型在 2017 年诞生。

精算类模型是将保险中的精算思想引入违约概率的估计，Credit Suisse（1997）利用精算思想，假设单一债券或贷款的违约遵循外生的泊松过程，开发了 CreditRisk + 模型，CreditRisk + 利用单一借款人特征（例如信用评级）计算其信用风险。该方法借助传统精算中的 Panjer 递推法给出了信用风险的解析算法。该方法只考虑违约风险，忽略了价格和信用评级变化的影响。CreditRisk + 的重要特征是它不需要进行蒙特卡罗模拟，而使用快速数值算法来计算总风险。

表 2.1　业界违约概率测算的四种高级模型比较

比较项目	CreditMetrics	CreditPortfolioView	KMV	CreditRisk +
模型原理	结构化模型	结构化模型	结构化模型（期权）	精算方法
违约状态	盯市	盯市或违约	盯市或违约	违约
计算方法	模拟	模拟	模拟	解析数值算法
风险因素	资产价值及其波动性	宏观经济因素	资产价值及其波动性	可变的违约率均值
预期违约率	概率转移矩阵得到	由历史数据估计	Merton 模型内生	外部输入
离散或连续	离散	离散	连续	连续

资料来源：作者整理。

国内文献关于高级模型多是对上述模型的综述及介绍性文章，如王顺和赵擎（2010），或是结合中国的情况进行一定程度的改进并进行实证验证，如刘源（2011）将改进后的 CreditRisk + 模型结合我国商业银行的数据进行实证分析，发现该模型存在优势与挑战。蒋书彬（2016）根据国外金融机构常用的风险度量 KMV 模型，结合我国上市公司具体特征，对 KMV 模型进行改进，并对 141 家上市公司的信用风险进行度量，改进后的模型能够很好地区分违约特征。许林和李馨夏（2018）基于修正的 KMV 模型对我国科技型中小企业信贷风险进行了测算。总体而言，直接构造高级模型的文献很少，创新性不足。

对于这些高级模型和传统经验模型的比较，学术界也有很多讨论（Van Deventer，2012；Altman，2018 等），但是往往没有指出哪种模型会明显优于另一种。

2. 授信限额的计量与评估

银行的授信限额是银行批准的对客户的最大授信额度，往往是基于客户的还款能力来设定的，违约概率是测算客户是否会违约的一种良好的指标，因此很多限额模型是基于前一部分经典违约概率模型的应用。但也有研究认为违约概率很多时候仅是客户是否会按时还债的良好指标，并不能完全反映客户的还款能力。因此仅研究违约概率还不足以对银行授信限额有完整的认识。银行授信限额的文献主要分为定性和定量研究两部分，定性研究主要梳理银行的现行做法，定量研究主要有单因子、多因子及结构模型三类方法。

定性研究以国内文献为主，大多是总结现行制度并提出流程和政策性的建议，如潘沁（2019）从商业银行从业人员的角度总结了商业银行限额管理的指标体系和量化技术等，在介绍国内商业限额管理现行做法和数据支撑基础上，深入讨论了现行管理中存在的问题，给出了一些完善现行限额管理的建议，如完善不同权限层级以及涵盖集团授信、资产组合、行业、区域、交易的限额体系和客户早期预警管理机制等。张文锋（2014）等也做了类似介绍。

定量研究主要涉及授信限额如何估计的问题，一般而言现有文献多使用单因子模型、多因子模型和结构模型。

单因子模型常通过选取决定企业偿债能力的关键指标，并乘以一个调节系数，调整基础的偿债能力，由此得出企业能获得的授信额度。选取的关键指标主要有企业的收入、现金流和净资产等。Abtey（1993）提出了期望收益法，选择企业预期的营业收入作为关键指标，期望收益法要求未来一段时间的信用风险额度乘以违约概率不得超过该企业的期望收益。期望收益法展示了信用风险限额测算的基本原理，是风险限额模型的开端，但缺点也比较明显，预测的营业额是不确定的，而且对于赊销大量存在的企业也会有不准确的预判。周明浩和王晓莹（2010）介绍了以现金流为关键指标的信贷额度核定方法，将未来现金流减去可能的负债乘以信用调节系数，再除以贴现率得到企业可以获得的贷款额度，这种方法的局限是未来现金流的预测可能会不准确。陈燕（2011）介绍国内某大型商业银行使用的有效净资产法，以企业调整后的净资产为关键指标，将企业信用等级转化为信用等级调节系数，通过将该系数乘以客户的有效净资产，再乘以行业杠杆系数，得到客户所获得的风险限额。该模型开创了国内商业银行风险限额模型的先河，被业界较多地学习和借鉴，使用简便可行。该模型的核心是净资产究竟能撬动多大的负债，因此对通过净资产能反映出企业真实负债能力的客户较为有效，如装备制造业、采矿业等传统的重资产行业，但是对于批发零售、软件信息等轻资产行业，模型的有效性不足。

单因子模型仅包含一个关键指标，缺乏对企业整体的考虑，因此单因子模型又逐渐演变为多因子模型。Bazzi and Hasna（2015）提出了一种包含多种风险因素的风险限额模型，通过分析贷款企业授信额度/上一期营业收入的历史数据，发现该数据的经验分布非常接近信用风险中最常见的 Beta 分布。因此，以授信额度/上一期营业收入为目标变量研究了 50个风险因子的影响，并通过预测能力分析和共线性分析最终筛选出了 5个最有效的因子：净收入比总资产、利息比营业额、营运资金需求比现有运营资金、股价比营业收入、平均结余。夏华等（2018）以 z 银行的504 位客户为例，将客户分为大中客户及小微客户两层，构建多因子模型，认为应收账款、存货、主营业务收入和评级等财务指标能较好地解释大中型客户实际授信额度，流动资产主营业务收入和评级能较好地解释小微客户的实际授信额度。其他多因子模型的研究，可以参见 Jiménez

等（2009）、Ying 等（2013）、Gibilaro and Mattarocci（2018）等文章。

一些文献考虑了较为复杂的结构化模型。例如，利用 KMV 模型的原理，将违约触发条件定义为企业的资产价值低于企业负债的情况，根据银行的风险偏好和企业客户的信用评级信息计算银行所能承受的最大违约概率，再利用 BSM 模型下的违约概率公式推出企业客户的信用风险限额。陈及等（2008）认为 BSM 违约模型适用于交易对手限额，并从企业股价的波动率反推企业资产的波动率。在违约概率测算的基础上，结合银行的风险偏好和准入/退出机制，就可以得到单一企业客户的风险限额。陈林和周宗放（2015）使用遗传算法结合结构化模型给出了客户授信限额的优化配置方案。Crawford 等（2018）考虑了一个非对称信息和不完全竞争市场的结构模型，使用意大利银行的数据证实了逆向选择的增加会减少授信供给。在完全信息模型里，完全信息模型参数的微小变化都会导致最优信用限额的显著改变。但现实中银行在评估企业信用限额时往往只能获得部分信息，因此进一步采用噪声信号的方法考虑部分信息下的信用限额的管理。在部分信息限额管理模型下，出现了对银行不利的激励扭曲。这一类模型的优点是创新地将结构模型应用到银行业的限额审批中，缺点是较为复杂，模型的假设也比较多，在实际中应用较为困难。

综上所述，对于中国商业银行单一客户授信限额的研究，在违约概率的测度方面，现有文献已有较完整的评估方法和体系，国内虽然起步较晚，在高级模型的建立上原创性程度也较低，但已基本掌握了相关的方法并作出了改进的尝试。在授信限额的测度方面，建模及实证领域的文章均涉足较少，对中国商业银行的研究还较为滞后，仍需进一步探索估计企业还款能力的关键指标，并对影响中国商业银行授信的多元因子进行全面分析。

（二）信贷组合管理研究

信贷组合管理相关文献可以分为两大类。第一大类是经典投资组合理论，这一部分是信贷组合管理的理论基础。由于不同资产的收益率之间存在相关性，投资每一个资产绩优，不代表一篮子资产整体的情况最优，现代投资组合理论根据发展路径主要包含均值方差分析法的有效前沿理论、单因子理论、多因子理论等。第二大类是经典投资组合理论在信贷资产配置中的应用。信贷组合管理的发展与投资组合理论的演进是密不可分的。信贷组合管理本质上是投资组合理论应用于信用风险领域所衍生出的变形，信贷组合管理的计量模型包含渐进单因子模型（AS-RF）和渐进多因子模型等，信贷组合管理的优化方法包括风险控制条件下收益最大化、收益约束条件下的风险最小化、最大化信贷组合效用函数等方法。当然，信用风险组合管理也有其独有的特征。譬如，信贷收益率通常是非对称分布的（费菊花，2012），而经典投资组合理论假设资产收益率服从正态分布，对此，不少学者采用风险调整后的资本收益率（RAROC）作为传统收益率的替代，既克服了信贷收益不对称性的弱点，又兼顾了信用风险对信贷投放的影响。

1. 经典投资组合理论

MPT（modern portfolio theory）现代投资组合理论发源于 Markowits（1952）提出的均值方差分析法。在风险厌恶、期望收益服从正态分布、一期模型的假设下进行决策，投资者会在风险一定的情况下，选择收益最高的组合。风险的测度选用的是收益率的标准差，即收益率的波动性，对于两个资产的组合，组合标准差并不总是等于两个资产标准差的加总，仅在两个资产完全正相关的情况下两者才相等。在一个含有多个资产的组合中，组合的收益是资产期望收益率的加权和，组合的风险是资产收益率两两间协方差的加权和。Markowits（1952）在均值方差分析的基础上提出了有效前沿理论，当所有可能的收益和风险构成了一个可行集，投资者仅选择在给定的风险水平下选择预期收益最高的组合，这些组合构成了有效前沿，开创了组合管理的先河。

但如果组合中有较多的资产，相关性矩阵会比较庞大，计算起来会相对复杂和麻烦。在 1952 年之后，许多研究把焦点放在简化协方差矩阵的估计上。有效前沿理论逐渐发展成单因子理论。Sharpe（1964）提出了简化协方差矩阵计算的单因子模型，并最先在资产价格面临风险的情况下建立市场均衡理论。在该模型下，存在一个影响所有单一资产收益率波动的共同指数。投资者面临的风险主要有两类：系统性风险（不能够被分散）和非系统风险（能够被分散）。非系统性风险往往是单一资产自身特有的商业风险，可以通过增加组合持有资产的数量来降低非系统性风险。而系统性风险是与市场和经济环境整体变化相关的市场风险，所有资产都含有该风险，因此无法被分散。Sharpe（1964）、Lintner（1965）、Mossin（1966）都各自指出单一资产所面临的风险和系统性风险的关系，即资本资产定价模型（CAPM）。对于投资组合管理而言，CAPM 模型降低了协方差的估计数量，更有利于投资分析者或风险管理者的理解与分析，也有利于提高组合优化的精确度。

但大量研究表明资产的收益仅用系统性风险是不能解释的，此时单因子理论发展为多因子理论。Fama and French（1995）提出了 Fama - French 三因子模型，SMB（小公司股票的投资组合收益率减去大公司股票的投资组合收益率）和 HML［高账面市值比（book - to - market value）的股票组合收益率减去低账面市值比的股票组合收益率］这两个非市场风险因子在解释股票收益率截面变化时非常有用。Ross（1976）提出套利定价理论（APT），该理论可用于建立多因子模型。APT 的主要思想是允许存在多个系统性风险。APT 模型考虑的定价因子与市场收益率正交，而且并不需要像 CAPM 那样假设均值—方差偏好的投资者。Groenewold and Fraser（1997）利用澳大利亚市场的数据比较了 APT 模型和 CAPM 的表现，结果表明基于样本内解释力，APT 模型比 CAPM 表现更好。

2. 信贷组合管理的计量与优化

信贷组合管理在投资组合理论的基础上，发展出许多应用和变形。投资组合理论在信贷组合管理中的应用主要体现在两部分：第一部分是信贷组合管理模型的计量，包括信用组合模型、渐进单因子模型和渐进多因子模型；第二部分是信贷组合管理的优化，包括风险控制条件下收益最大化问题、收益约束条件下的风险最小化问题和最大化效用函数问题。

20 世纪 90 年代之后，随着《巴塞尔协议Ⅱ》对集中度管理要求的加强，业界开发出一系列信贷组合管理的高级计量模型，以风险作为研究目标，着重讨论信贷组合的信用风险计量，核心是信用组合的违约相关性。经典的信用组合模型主要包括：CreditMetrics（Gupton et al.，1997）和 CreditRisk +（Credit Suisse，1997；Giese，2002）。CreditMetrics 按照信用评级将银行信贷划分为不同的类别，利用公开市场的股票或者债券数据来估计各个信用评级的信贷资产之间的相关性。CreditRisk + 将精算理论方法应用于组合信用风险建模，通过随机违约率之间的相关性来描述不同银行贷款之间的相关性。CreditRisk + 的优势是可以通过快速数值算法求得信贷组合的总体风险。另一类重要的信贷组合模型是渐进单因子模型，即 ASRF 模型（Gordy，2003）。ASRF 模型是新巴塞尔协议推荐的用于计算监管资本的基础模型。ASRF 模型借鉴了资本资产定价模型的想法，假设每笔贷款的信用风险都可以分解为一个公共的系统性风险和一个特异性风险，并且特异性风险可以完全分散化。在这些假设下，ASRF模型提供了非常简洁的监管资本计算公式，这也奠定了 ASRF 模型在信用组合管理中的重要地位。实际上，银行贷款的信用风险不仅受到单一宏观因素的影响，还受到国别因素、行业因素或者地域因素的影响，因此一些学者进一步将 ASRF 模型推广到渐进多因子模型（Pykhtin，2004）。2008 年后，随着国际金融危机对金融业的打击，人们进一步开始反思组合管理的意义，不断扩大组合管理的职能，对数据及模型提出了更高的要求。这些模型的缺点是较为复杂，对于较为一般的风险度量，我们很难对其直观的认识，通常需要借助蒙特卡罗模拟来计算，这不仅大幅增加了计算成本和系统开发维护成本，也较难直接应用于国内商业银行信贷组合管理的实践。

上述信用组合模型的基础性理论主要是国外学者提出的，国内文献侧重梳理上述信用组合模型的理论框架并进行一些改进，以及分析应用于中国市场的可行性。尹钊和韩佳菲（2015）、杨秀云等（2016）从不同的角度分析了这些组合信用风险模型的异同，并探讨其在中国市场应用的问题。王力伟等（2012）探讨了渐进单因子模型（ASRF）的局限性，提出了修正和扩展方法。刘源（2011）运用修正后的 CreditRisk + 模型对商业银行信用风险进行量化，结合实证分析结果和我国的实际情况，提出了该模型在我国应用的局限性和启示，并提出了相关对策和建议。常艺（2013）探讨了 CreditMetrics 在我国商业银行信用风险管理中的应用。王胜邦和王瑾（2016）研究了渐进单因子模型（ASRF）在我国商业银行风险监管中的应用。

信贷组合管理优化的相关文献是在前述经典模型的基础上，综合考虑银行的风险和收益，对如何在多重约束下优化信贷配置进行研究，相对于信贷组合计量的复杂模型而言，这些优化方法对于商业银行来说，在管理实践中更为简易可行，主要包括风险控制条件下收益最大化、收益约束条件下的风险最小化和最大化信贷组合效用函数等。

风险控制条件下的收益最大化问题被广泛讨论。国外一些学者对此开展了一些研究。Uryasev 等（2010）以在险价值（VaR）衡量风险，在经济资本等不同的约束条件下，最大化贷款组合收益来实现信贷组合优化配置。Kang and Poshakwale（2019）以 RAROC 最优为目标，以经济资本和监管资本为约束条件，并将 Buch 等（2011）的单期模型扩展到多期，通过实证检验发现大幅提升了银行的经风险调整的收益水平。国内也有一些文献研究风险控制条件下收益最大化问题：文忠平（2012）在均值—方差、均值—VaR 等框架下研究基于 RAROC 最优的信贷组合管理；徐劲（2013）在假设行业贷款最优增长率是 RAROC 递增凹函数的约束条件下，通过最优化贷款组合的 RAROC 得到最优贷款增长率，并对与 RAROC 负相关的几个贷款进行头寸修正，进而优化贷款组合；迟国泰和丁士杰（2018）以 CVaR 为约束条件，以经济增加值 EVA 最大化为目标函数，建立了基于非预期损失控制的银行资产组合优化模型，并强调在进行银行资产配置时，不能仅仅估计、控制预期损失，同时还必须考虑非预期损失；段翀（2019）以 VaR 为约束，以 RAROC 最大化为目标，建立了贷款组合定价模型，并利用某城市商业银行的贷款数据进行实证研究。

收益约束条件下的风险最小化问题也被广泛讨论。国外方面的研究脉络如下：Koehn and Santomero（1980）最早将现代投资组合理论应用于信贷组合优化，研究了在最低资本金约束下，最小化信贷组合方差的问题；Kim and Santomero（1988）进一步探讨在资产负债率和资本金约束条件下最小化信贷组合的收益方差；Saunders 等（2007）则在渐进多因子模型的基础上通过最小化信贷组合的条件在险价值（CVaR）来优化组合；Iscoe 等（2012）比较了几种不同的最小化风险度量的方法，例如方差、VaR、CVaR；Sirignano 等（2016）针对大容量的信贷组合（Large – Scale Loan Portfolio）研究在收益一定的条件下，最小化风险度量的信贷组合选择问题。国内也有不少学者研究最小化风险的信贷组合优化问题：姜大治等（2002）以组合风险最小化为目标，研究基于有效边界的信贷组合优化问题；迟国泰等（2007）应用 CAPM 模型建立行业贷款分配模型，探讨收益一定的条件下最小化风险问题；迟国泰等（2009）将 VaR 和 CVaR 同时纳入信贷组合优化中，在 VaR 约束下，通过最小化组合 CVaR 来提高贷款组合的表现；文忠平（2012）也对以上模型进行了综述和总结。

还有一部分学者将收益和风险融合在一起，通过最大化效用函数或基因算法模型来实现信贷组合优化。Mencía（2012）讨论不同约束条件下的信贷组合优化：均值—方差约束、VaR 约束，并且分析最大化收益、最小化风险和最大化效用函数之间的联系与区别。Nielsen（2016）分别将经济资本约束和 VaR 约束引入效用函数最大化的组合优化方法中。Metawa 等（2017）采用基因算法（GA），在信贷紧缩和高度竞争的条件下，以最大化银行收益和最小化银行违约率为目标，设计了最优贷款组合，并验证这种方法可以有效提升审批效率，增加银行收益。

针对信贷收益率是非对称分布的，而经典投资组合理论假设资产收益率服从正态分布这一问题，不少学者采用 RAROC（风险调整后的资本收益率）作为传统收益率的替代进行研究（Buch 等，2011；聂广礼等，2017；姜增明等，2019），这样既克服信贷收益不对称性的弱点，又兼顾信用风险对信贷投放的影响。根据 IACPM（2017）对全球 44 家大型银行的调查，RAROC 是组合管理最重要的衡量标准，国际上 40% 以上的银行会使用 RAROC 作为业绩考核的指标。在现有的文献中，胡威（2011）、徐劲（2013）、聂广礼等（2017）和姜增明等（2019）都提到了一种国内商业银行采用的最优增长率模型，通过最大化贷款组合的 RAROC 来实现组合优化管理的目标，这种方式以最优增长率为操作目标，简单可行，并将最优增长率设计成了非线性生产函数的形式，更准确地体现了对高收益行业增长速度的控制和对低收益行业增长速度的鼓励。但这种方法的局限在于：一是较少考虑行业之间的相关性问题，未能通过组合管理达到分散风险的目的；二是未能同时加入经济资本和风险的约束，无法既体现管理层的风险偏好，又达到提升资本使用效率的效果；三是模型只是简单被动地优化输出结果，缺乏主动管理，无法满足根据监管要求、政策要求、实际业务营销情况对某一行业的实际增长率作出调整的需求；四是大多仅有模型展示，缺少实际数据的验证，难以说明模型的有效性。

综上所述，经典的投资组合理论日臻成熟，在信贷组合模型计量方面的应用也相对较为完善，有较为系统的评估方法，但对于中国商业银行的管理实践而言过于复杂，需要选择合适有效的模型与方法。另外，针对信用组合管理的优化研究，现行文献在行业相关性、收益、风险和资本效率的综合性方面考虑还不完善，缺乏对主动管理和专家调整的量化支持，有效性不足。

（三）信贷集中度研究

信贷集中度研究的相关文献可以分为两大类，第一大类是集中度的计量与评估。这一部分文献分为不依赖于模型的集中度指标和依赖模型的集中度评估方法，其中不依赖模型的集中度指标包括比例法、HHI 法等六个指标。本部分介绍了这些指标使用的前提条件，并对不同指标的特点进行了对比分析。依赖模型的集中度方法主要是对渐进单因子信用组合模型中分散化调整的问题进行探讨。第二大类是信贷集中度对商业银行信用风险管理的影响，对这种影响学术界主要分为两派，一派认为应该加强信贷集中度，将资源投入特定的领域，利用银行的专业性降低贷款的信用风险，另一派认为应该降低集中度，鸡蛋不放在一个篮子里，分散风险。本章对两派的理论作了较为详细的梳理和讨论。

1. 集中度的计量与评估

首先，回顾集中度风险度量研究的现状。

不依赖于模型的集中度指标是集中度度量较为便捷和经典的模式。集中度的概念最早可以追溯到财富集中度（Lorenz，1905；Gastwirth，1972）和产业集中度的研究（Hannah，1977；Encaoua and Jacquemin，1980）。Encaoua and Jacquemin（1980）提出了集中度风险度量必须满足的六个核心性质或原则：转移原则、均匀分配原则、Lorenz 准则、超可加性、贷款笔数无关原则、小额贷款无关原则，并给出了一类满足上述优良性质的集中度风险度量指标，例如集中度比率、HHI 指数、集中度熵指数等。

表 2.2　n 笔贷款的集中度指数

集中度比率	$CR_k = \sum\limits_{i=1}^{k} m_i$
HHI 指数	$HHI = \sum\limits_{i=1}^{n} m_i^2$
集中度熵指数	$CEI = \sum\limits_{i=1}^{n} m_i \log_a m_i, a > 1$
Gini 系数	$GI = \dfrac{\sum\limits_{i=1}^{n} (2i-1) m_i}{n} - 1$
HKI 指数	$HKI = \left(\sum\limits_{i=1}^{n} m_i^{\alpha} \right)^{\frac{1}{\alpha-1}}, \alpha > 0, \alpha \neq 1$

注：$(m_1, m_2, \cdots, m_n)$ 表示 n 笔贷款占贷款总额的比例。

资料来源：作者整理。

Calabrese and Porro（2012）以及 Slime and Hammami（2016）比较了不同集中度指数的异同。集中度比率法只考虑了额度最大的前 k 个贷款，忽略了部分信息。而且参数 k 依赖于投资者和风险管理者的选择。任意两个信贷组合的集中度风险排序可能会随着参数 k 的改变而改变。HHI 指数是最常用的无模型依赖的集中度指标，综合了信贷组合的全部信息，且不依赖于额外参数，易于计算。许多实证文章都采用 HHI 指数刻画集中度风险。Gini 系数最早用于刻画财富集中度，即贫富差距（Lorenz，1905；Gastwirth，1972），在学界和业界都具有较高的知名度。但是 Gini 系数不满足超可加性，也就是说，合并贷款之后 Gini 系数可能不升反降

（Encaoua and Jacquemin，1980），因此 Gini 系数在集中度风险研究中较为少见。集中度熵指数的形式较为复杂，需要额外设定参数 a。Hannah（1977）提出的 HKI 指数是 HHI 指数的一般情形。最近不少学者（Hibbeln，2010；Figini，2013；Kluge，2018）讨论刻画客户集中度和行业集中度的一致性度量指标，提出了一些新的集中度度量指标。

上述信贷集中度度量指标都不依赖于模型假设，没有考虑贷款企业的信用状况的影响，例如贷款企业的违约概率以及不同贷款企业之间的违约相关性，因此也有不少文献开始讨论模型依赖的集中度风险评估方法。Gordy and Lütkebohmert（2007）讨论在渐进单因子（ASRF）信用组合模型中分散化调整（Granularity Adjustment，GA）的问题（Gordy，2003）。GA 方法的引入有助于风险管理者解决由于系统性风险因子造成的集中度风险。但是 GA 方法的计算难度很大，很难在实践中推广应用，已有不少文献讨论 GA 的计算问题（Wilde，2001；Martin and Wilde，2002；Dembo et al.，2004）。对于模型依赖的行业集中度风险度量，Pykhtin（2004）在 ASRF 的多因子扩展模型基础上讨论行业集中度对经济资本测算的影响。Lütkebohmert（2009）以及 Calabrese and Porro（2012）对信贷组合集中度进行了更为详细的介绍。国内关于集中度风险度量的定量研究较少，仅有的一些文献也只是对商业银行的集中度风险计量与管理的研究进展进行梳理（徐少君，2010；颜新秀和王睿，2010；秦学志等，2012；刘清涛，2017）。

2. 信贷集中度对信用风险管理水平的影响

现有文献普遍认为，信贷集中度会对商业银行的信用风险水平造成影响，并且主要有以下两种对立观点。

第一，提升贷款集中度可以降低风险。由于客户群体和行业相对集中，银行可以提升专业能力，更好地识别风险，专业化经营，降低优质客户搜寻成本、客户关系维护成本、贷后管理成本，发挥银行的比较优势，降低风险。例如，传统的公司金融理论认为，企业应专注于某一或者某几个行业，这样可以利用专业优势获取更多的利润（Jensen，1986）。Berger 等（2010）研究了 1996—2006 的中国银行业数据，发现提升集中度会增加银行利润，降低风险。魏国雄（2010）梳理了集中度类型，从客户、期限、行业、表外业务等几个方面做了总结，说明集中度提高短期内会提高银行的收益，在集中度风险积聚期间，不仅不会出现风险，反而还会带来收益。Zamore 等（2019）研究发现在小微金融领域，提升区域集中度会降低信用风险。

第二，降低贷款集中度可以降低风险。贷款集中度高不仅会导致银行恶性竞争，行业严重产能过剩，过度投资"垒大户"，也会在某一行业突发危机，某个"大户"轰然倒塌之时，给未分散风险的银行以致命打击。Diamond（1984）认为，由于存在信息不对称，分散信贷可以有效降低银行的中介成本，也可以更有力地对抗经济危机的冲击。巴曙松和陈剑（2010）分析了我国银行业贷款向中长期贷款、大型企业、房地产行业集中的趋势，警告这种趋势可能引发银行潜在不良增加。Tabak 等（2011）使用月度高频数据检验了巴西银行业的信贷配置，发现分散的行业信贷策略可以降低银行的风险，增加银行的收益，且非国有银行受此影响更为显著。Leon（2017）研究了 57 家银行 2006—2015 年的数据，探索贷款组合如何影响柬埔寨银行的运营，发现行业集中度和银行利润呈负相关关系。谢晓雪（2020）总结国际监管对大额风险暴露的规定和国际主要银行对集中度的管理方式，认为控制集中度能有效防范银行的信用风险（见表 2.3）。

表 2.3 银行信贷集中度对银行风险影响的实证文献总结

文献	研究样本	样本时期（年）	集中度类型	实证结果
Meye and Yeager（2001）	美国	1990—1997	地区	小的区域性银行高集中度可以抵御经济下行的影响
Stiroh and Rumble（2006）	美国	1997—2002	收入来源	分散策略对银行的经营有正向的影响
Acharya 等（2006）	意大利	1993—1999	行业	集中度提高可以增加银行的收益，降低银行的风险
Mercieca（2007）	15 个欧洲国家	1997—2003	收入来源	对于小银行来讲，分散策略不会提升收益

续表

文献	研究样本	样本时期（年）	集中度类型	实证结果
Hayden（2007）	德国	1996—2002	行业和区域	分散策略会侵蚀银行的利润
Kamp（2007）	德国	1993—2003	行业	分散策略可以增加银行利润，降低不良贷款率
Baele 等（2007）	17 个欧洲国家	1989—2004	收入来源	分散策略会增加银行的系统性风险，但可以降低单笔贷款的风险
Bebczuk and Galindo（2007）	阿根廷	1999—2004	行业	分散策略可以增加银行的利润，降低风险
Rossi 等（2009）	奥地利	1997—2003	行业	分散策略可以降低银行风险，增加利润
Berger 等（2010）	中国	1996—2006	行业	分散策略可以增加银行的利润，降低风险
Elsas（2010）	9 个发达国家	1996—2003	收入来源	分散策略可以增加银行的利润，并且间接地增加银行的价值
Tabak 等（2011）	巴西	2003—2009	行业	分散策略可以降低银行风险，增加利润
王富华和姜姗姗（2012）	中国	2000—2010	行业、地区	提高集中度可以增加银行利润，但对银行风险的影响不显著
Leon（2017）	柬埔寨	2006—2015	行业	行业集中度和银行利润呈负相关关系
Zamore 等（2019）	88 个国家	1998—2015	区域	提升区域集中度，会降低信用风险
刘春志和范尧熔（2015）	中国	2007—2013	行业、地区、客户	行业集中度、地区集中度和客户集中度与其对系统性风险的贡献度之间分别存在正相关、正相关和负相关关系
顾海峰和戴云龙（2019）	中国	2007—2017	客户	客户贷款集中度的上升会提高银行风险承担水平

资料来源：作者整理。

对于中国银行业信贷集中度的研究，现有文献主要停留在理论研究层面。如魏国雄（2010）认为，由于客户群体和行业相对集中，银行可以更好地识别风险，专业化经营，降低优质客户搜寻成本、客户关系维护成本、贷后管理成本，发挥银行的比较优势。巴曙松和陈剑（2010）研究发现贷款集中度高不仅会导致银行恶性竞争、行业严重产能过剩、过度投资"垒大户"，也会在某一行业突发危机，某个"大户"轰然倒塌之时，给未分散风险的银行以致命打击。丁建臣和马鑫媛（2016）介绍了银行大额风险暴露管理的监管轨迹，分析了商业银行集中度过高的原因，并提出了政策建议。有关中国银行业信贷集中度的研究，实证文献相对较少，并且实证检验的结果并不一致。如 Berger 等（2010）研究了中国银行业 1996—2006 年银行业的数据，发现行业、区域集中度增加会降低银行的不良率。王富华和姜姗姗（2012）研究了 2000—2010 年中国银行业的数据，发现行业集中度和地区集中度均对银行风险的影响不显著。刘春志和范尧熔（2015）选取中国 14 家上市商业银行2007—2013 年的面板数据，发现中国上市商业银行贷款行业集中度、地区集中度和客户集中度与其对系统性风险的贡献度之间分别存在正相关、正相关和负相关关系。顾海峰和戴云龙（2019）研究了 2007—2017 年中国 56 家银行的数据，发现客户贷款集中度的上升会提高银行风险承担水平。

综上所述，集中度的计量与评估体系相对较为完善，但对中国商业银行信贷集中度的研究，现有文献在集中度指标的选取上相对简单，分类别研究较少，很少考虑集中度指标在授信政策中的滞后性，并分析集中度指标的累积效应；理论思辨文章较多，对实证领域涉足较少，在集中度对银行信用风险管理水平的影响方面未形成一致的结论，也很少从经济周期、银行产权性质等方面全面地考察外部宏观冲击及银行属性对银行信用风险产生的影响。

二、本书创新点

与以往的研究相比，本书在一个统一的研究框架下，对信用风险管理在国际和国内的理论发展与实践经验进行了较为全面的梳理和总结，并在现有理论及实践不足的基础上，对信用风险管理在单一客户授信限额、信贷行业组合管理及信贷集中度三个层面进行了理论、实证及政策方面的创新与优化，回答了对于一个客户，银行该贷多少款，对于一个行业，银行该贷多少款，以及贷款究竟该向客户还是行业集中的问题。

（一）在单一客户授信限额方面

第一，提出了一种新的实证策略，将单一客户的授信限额分解为企业还款能力与银行贷款意愿两部分，企业的还款能力决定了企业是否会违约，因此是银行授信额度的重要决定因素，但另外，对于能够偿付银行贷款的企业来说，可以获得多少贷款，银行还有其他的考量因素，这部分可以归因于银行的贷款意愿。相应地，本书首次设计了银行贷款意愿这一指数，并着重研究哪些因素会影响银行贷款意愿。这个划分解决了以往单因子模型仅关注企业还款能力，未能准确刻画银行贷款意愿的问题。

第二，提出了一种新的分类方法，将客户按归属轻、重资产行业划分，分别选取销售收入和净资产作为企业还款能力的关键指标，解决了不同类型的客户有不同的决定因子的问题。

第三，采用多因子模型，较为全面地考察了企业的偿债能力、盈利能力等财务指标，评级、PD 等违约可能性指标，上市情况、企业性质、所在行业、社会融资环境等财务及非财务指标对企业授信的影响，解决了单因子及现有多因子模型考虑不够全面的问题。

第四，本书采用发债及发债企业的授信数据进行影响因子的筛选，由于银行数据具有保密性，而发债企业公布了全部授信额度及授信使用情况，将发债企业作为研究对象，可以较好地解决因数据缺失而无法对银行微观数据进行实证研究的问题，是对现有文献实证检验不足的一种有力补充。

（二）在信贷行业组合管理方面

第一，从简单加总到考虑风险相关性。本书考虑了银行不同信贷行业投向间的风险相关性，组合层面的限额不再是自下而上的简单加总。同时，本书在保证模型简单可行的基础上，引入 RAROC、方差、资本效率等因素，综合考虑了收益、风险和资本间的平衡。鼓励银行叙做业务时将资本管理、风险安排和业务经营有机结合，提升整体资本回报水平。

第二，从"被动接受"到"主动管理"。即使是优化模型也有较严格的假设，可能在不同的经济周期、政策导向、银行偏好下有不同的结果，因此，本书创新性地加入了不同授信策略的偏好约束，有利于银行的信贷资产配置在一定风险容忍度下，达到更优的收益水平。

第三，从"拍脑袋"决策到科学决策。在实际的信贷配置中，究竟给某个行业多少限额，业务部门和审批部门会出现非常激烈的争论，业务部门希望要更高的额度，而组合管理部门则从控制风险和统一授信的角度，有自己的坚持。由于双方的谈判缺少充足的量化支撑，往往只能靠"经验"或双方的强势程度决定最终的结果。专家判断模型的建立，为限额的调整提供了量化依据，为决策和谈判提供了有力的支撑。进一步地，本书为专家的判断加入了集中度约束，有效防范风险的过度聚集。

第四，本书以中国商业银行的数据对模型进行了检验，验证了模型的有效性，有效弥补了现有文献实证支持不足的遗憾。

（三）在信贷集中度方面

第一，在信贷集中度指标的选取方面，本书采用了符合中国商业银行贷款特征的比例法和 HHI 指标，较为全面和稳健地分析了集中度的作用，并且本书创新地使用了信贷累积集中度指标，考虑了滞后一期的累积效应影响，解决了现有文献缺乏考虑信贷集中度约束作用在传导过程中存在时滞性和累积性的问题。

第二，在实证研究方面，本书采用中国 A 股 16 家上市银行的数据，研究了信贷集中度对中国商业银行信用风险水平的影响，从实证上对现有文献主要集中在理论分析的情况进行了有益补充。本书从行业集中度和客户集中度两个维度分类考虑，解决了现有实证文章在信贷集中对银行的信用风险影响上结论不一致的问题。

第三，在问题分析的全面性上，本书考察了加入经济周期和银行所有权性质因素后，贷款集中度对商业银行风险的影响，弥补了现有文献在考察信贷集中度影响方面，鲜少考虑宏观经济波动及股东背景的不足。

第三章　商业银行
信用风险的管理实践

本章从商业银行管理实践的角度，整理了实践中，信用风险管理的基本框架，包括内涵、特征以及计量的关键要素，介绍了信用风险管理思路发展的四个阶段，梳理了授信限额的基本概念和设定层次，介绍了国际先进银行的经验，分析了国内商业银行的管理现状与不足。

一、信用风险管理的基本框架

（一）信用风险管理的内涵

风险（risk）一词来源于意大利语（risicare）及法语（risque），最初是航行于危崖间的意思，新华词典的解释是可能存在的危险。信用风险又被称作违约风险，指交易对手未能履行约定的义务而造成经济损失的可能性。对于商业银行而言，通俗地讲，信用风险指借款人未按借款合同履行还本付息责任的可能性。

随着商业银行业务的持续发展与扩张，现在中国商业银行在实践中已把表内业务，如贷款、表内贸易融资、银票和商票贴现、自营债券投资等；表外业务，如信用证、保函、开立银票等；类信贷业务，如实质需要刚性兑付的标类、非标类理财和实质需要刚性兑付的债券承销等一系列代理业务都纳入了信用风险的管理范围，一旦实质的融资主体未履行相关合同，银行都要承担信用风险的损失。

信用风险的损失有三类，预期损失（EL）、非预期损失（UL）和灾难性损失。预期损失指可预期的、在一定时期内发生损失的期望值，一般通过计提拨备来弥补；非预期损失指预期损失的波动性，是在一定条件下最大损失值超过平均损失值的部分，一般用计提经济资本来弥补；

32

灾难性损失是超出一定条件下的最大损失值的损失，发生的可能性极小，是一种极端情况，在管理上也很难解决。

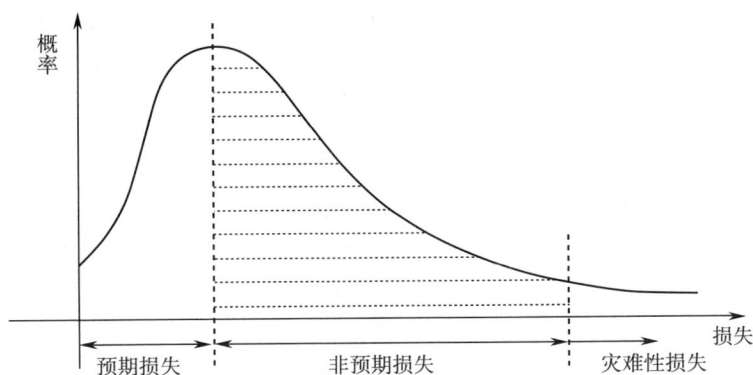

图 3.1　信贷资产损失概率分布

（二）信用风险管理的特征

商业银行的信用风险管理与其他风险管理存在以下不同。

第一，收益与损失不对称。与一般股票证券资产的损失呈正态分布不同，信贷资产的损失并不服从正态分布。因为信贷资产的收益是一定的，例如是事先约定好的利差收入，但损失却可能是很大的，在违约且无法清收的情况下，银行不仅损失了利息，还会损失本金，于是收益和损失不对称。因此信用风险管理在业界也被称为失败者的游戏（Loser's Game），即不输就是赢了，也就是说对于银行而言，只要客户能够不违约，就是成功。

第二，损失往往呈现集中性与传染性。由于信用风险具有违约相关性，在银行的实践中，往往会发现"屋漏偏逢连夜雨"和"坏事成双"的特性。一个客户出现违约，整个集团内的其他客户可能也会纷纷发生违约，一个行业产能过剩，进入周期底部，整个行业内的大量客户都会出现还款困难，例如根据中国钢铁工业协会发布的数据，2015 年协会会员企业利润总额亏损 645.34 亿元，占全部协会会员企业的 50.5%，亏损企业产量占全部会员企业钢产量的 46.91%。因此把控集中度风险是防止银行出现难以控制的灾难性局面的有力武器。

第三，信息不对称性。信息不对称性是信用风险产生的根源，也是信用风险管理的难点，早在 1981 年，Stiglitz 就提出了一个基于不完全信息假设的经典信贷配给模型，分析了不完全信息对银行信用风险管理的影响，但直到 21 世纪的今天，仍然难以完全解决信息不对称问题。由于银行无法全面掌握贷款申请客户的真实情况，银行如果只凭借利率高低来选择贷款客户，就会产生逆向选择的问题，资金最终流向了信用风险过高的借款人。当借款人投资风险过高而无法完成项目时，不良贷款就会产生，银行不仅不能赚到利息，还会赔了本金，同时也阻碍了其他信用资质更好的借款人得到有限的信贷资源。因此，银行需综合考虑收益以及借款人的信用状况来决定信贷的配给。

第四，压缩退出困难。由于国内缺乏成熟有效的信贷二级市场，在业务实践中，一旦客户出现了潜在的危机，化解潜在高风险客户的存量贷款就会变得非常困难，即使部分压退也会引起连锁反应，导致高风险客户资金链断裂，从而造成银行贷款的全部损失。国际上，商业银行虽然拥有较为完善和成熟的二级市场，但当一个客户真正出现风险时，由于缺少交易对手，借贷银行此时转让，往往会产生大幅的折价损失。从图 3.2 中可以看到，在整个经济状况较差，客户信用风险较高的 2008 年国际金融危机和 2020 年新冠肺炎疫情危机时，西欧贷款二手市场发生了较大程度的折价，风险较高的杠杆融资更是分别最低仅有面值的 53% 和 73%。正因为贷款一旦投放，退出相对困难，所以更需要有健全且完备的信用风险管理框架，审慎评估并有效防控风险。

（三）信用风险计量的关键要素

精确管理信用风险的前提是能够全面而准确地度量风险，根据巴塞尔协议和国际先进银行业的实践，全面计量信用风险需要获得风险偏好、违约概率（PD）、违约损失率（LGD）、风险暴露（EAD）和相关性（Cor）五大指标。其中，风险偏好指管理层制定的战略规划与指引；违约概率指债务人在未来一段时间内发生违约的可能性；违约损失率指一

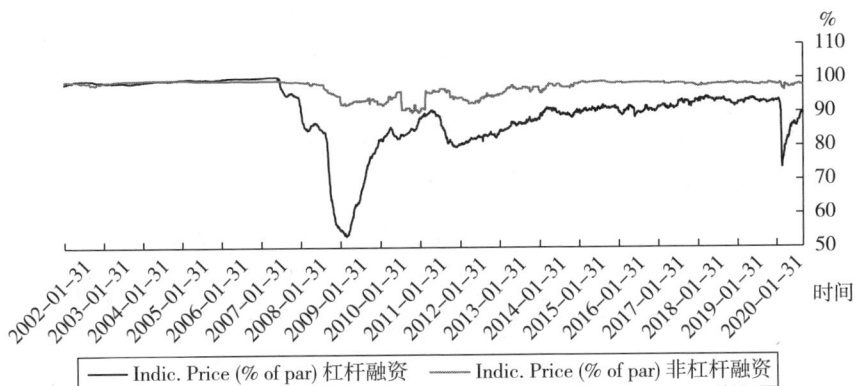

图 3.2 2002—2020 年西欧贷款二级市场杠杆融资和非杠杆融资的价格较面值百分比

(资料来源：Loan Connector 数据库及作者整理)

且债务人违约，预期损失占风险敞口总额的百分比；风险敞口指由债务人违约导致的可能承受风险的信贷业务余额；相关性指一项资产与另一项资产的风险相关程度。国际先进银行在各项指标的计量上已经有较为完善的内部评估体系并研发出一系列高级模型。国内银行相对滞后，在风险偏好方面有风险委员会，传导管理层的决策；在违约概率的估计方面有初步成果，有相对成体系的内部评级模型，但准确性和预测性相对不足；违约损失率及风险暴露多采用巴塞尔协议建议的简化估计方法，精确度量水平相对较低；相关性的实践还较为落后，很多采用简单加总的方式进行度量（见图 3.3）。

二、管理思路的发展与授信限额的设定

（一）管理思路的发展进程

从发展的思路来看，根据国际和国内的银行业实践，信用风险管理的发展经历了较为漫长的过程，呈现出由"拍脑袋"决策到精准量化、由单一判断到组合管理的趋势，具体而言分为单笔资产的专家判断、单笔资产的风险量化评估、组合风险的评估和报告、积极的组合管理四个

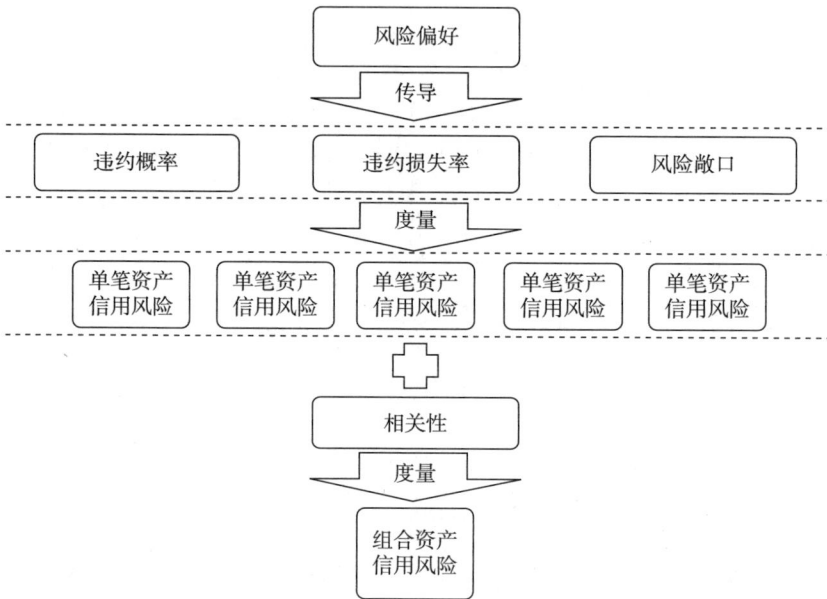

图 3.3 信用风险计量流程

阶段。国际先进银行在第一、第二、第三阶段都已相对较为成熟，第四阶段是信用风险管理发展的方向，少数的国际先进银行也已经进入此阶段。而中国商业银行仅在第一阶段相对较为成熟，第二、第三、第四阶段均刚刚起步，仍有许多地方需要改进。

第一阶段：单笔资产的专家判断。根据信贷专家积累的丰富经验对单一客户进行评估并决定是否放贷。国际、国内银行均已经在这一层面积累了丰富的实践经验。

第二阶段：单笔资产的风险量化评估。常通过内部评级或打分卡等手段实现，核定单个客户的限额或是债务承受额。国际先进银行在这一阶段往往已有一整套较为成熟的模型及方法论，单笔资产的风险量化评估相对成熟。国内银行仍处于经验积累阶段，虽然量化水平不断提升，但仍存在两个主要的不足之处。一是更多的是关注单笔债项或是单个客户的风险，对于经济周期、行业结构等宏观和结构性因素的影响和冲击考虑相对较少。二是模型精确程度较低，虽有模型限额的输出值，但在实际决策中，往往以专家定性判断为主，限额量化结果多作为参考辅助，起到的作用比较有限。因此在限额模型参数调整优化等方面还有较大的优化空间。

第三阶段：组合风险的评估和报告。从 20 世纪 90 年代起，信贷组合管理开始在国际上发展起来。银行对组合风险进行量化研究，分析资产之间的相关性，跟踪资产结构变动情况，定期对比分析，根据分析结果配置资本，设定组合层面的限额，以达到风险调整后的收益最优。国际先进银行往往已经实现了这一阶段的目标，并且建立了一套高级模型来支持组合管理（见表 3.1）。国内银行也采取了一系列行动，例如核定行业、区域限额，对产能过剩行业进行管控等，但也明显存在不足：一方面模型本身没有或很少考虑相关性，更多的是自下而上的简单加总，另一方面限额的核定往往是柔性管理，精准度不高，主要是起辅助参考作用。因此可以在组合相关性和模型准确性等多方面更好地改进与优化。

表 3.1　国际银行业高级组合管理模型使用情况

模型名称	使用比例
CreditMetrics	20%
CreditRisk +	0
KMV	69%
CreditPortfolioView	0
其他宏观因素模型	6%
内部开发的其他非宏观因素模型	17%

注：加总超出 100% 是因为有些机构使用了不止一种模型。

资料来源：Smithson（2006）。

第四阶段：积极的组合管理。不再是被动地设定限额，而是根据银行的偏好和组合的情况实施动态调整，对鼓励的领域提高限额，对限制的领域减少限额，明晰每一笔资产的变动对整个组合的风险收益的影响，同时设定集中度的约束，防止在某一个维度投放过多而导致风险积聚。这是信贷配置的方向，少数国际先进银行已经迈入这一阶段，并且有比较市场化的信贷二级市场主动进行调节。国内大部分银行还处于探索和实施的阶段，且存在两个明显的不足之处。一是常会对第三阶段做出的组合模型的输出限额进行专家调整，但这种专家调整往往缺少量化依据，也无法预估这种调整对整个组合风险收益的影响。二是缺少市场化的手段来主动调整组合，化解集中度风险。这些都是值得优化的方向。

（二）限额的设定与管理

从上述的信用风险管理发展阶段来看，授信限额的思路始终贯穿其中。授信限额的设定是现代商业银行信用风险管理重要的组成部分和有力工具，可以帮助现代商业银行对风险进行事前把控。

限额指银行对某一类业务所能承受的最大风险。在限额之内发生的损失，银行可以使用资本金或其他方式弥补，超出限额的损失，银行往往难以承受，这时需要通过卖出贷款、转移贷款、调整授信策略、减少风险敞口或增加抵质押条件的方式来缓释风险。在国际先进银行业的实践中，限额是通过 PD、LGD、EAD、Cor 等风险计量的关键指标计算出来的，在国内的实践中，由于风险要素的计量还未做到精确和完善，往往采用定性与定量相结合的方式进行限额设定。

授信限额的类别主要分为集中度限额和 VaR 限额，集中度限额往往直接设定单个业务单元的最高值，包括单一客户、集团客户、行业、产品、区域、国别等，目的是防止某一类风险过高导致的损失。国内银行在管理实践中，都已或多或少地落实了集中度限额，但由于缺乏对底层数据的精确掌握和计量模型的深入研究，暂时处于量化模型提供一定支持，以专家判断为主导，风险部门与业务部门谈判取得最终结果的阶段。VaR 限额指对业务单元的在险价值进行最高值约束，较为科学，易于在各业务条线加总和分拆计算，同时可以实时反映宏观冲击及客户的变化情况，但对模型及数据的依赖度较高，设置难度较大，国际先进的商业银行已经在这方面走在前列。

授信限额的层面主要分为单一和组合两个。单一层面主要是以单个客户为设限对象，即单个客户的授信不能超过多少；组合层面主要是以单一客户加总的业务单元为设限对象，如行业、区域、集团客户、国别

等。核定的顺序往往有自下而上的加总、自上而下的分配、上下结合的
三种模式。由于各个限额可能互相交错，需要建立一套流程和制度保障
限额的有效执行。例如，基于每个客户的情况核定了客户限额，又根据
行业授信策略制定了行业限额，很可能每一个客户都没有超过单一限额，
但在组合层面超过了行业限额，这时就可能存在客户先到先得领取行业
限额的情况。

表 3.2　国际银行在风险限额设定方面的实践情况

项目	汇丰银行	加拿大皇家银行	德意志银行	渣打银行	日本三菱银行
风险偏好	√	√	√	√	√
客户限额	√	√	√	√	√
行业限额	√	√	√	√	√
区域限额	√	√	√	√	√
其他限额			产品、业务种类	期限、业务种类	
量化模型	穆迪 Analytics PortfolioManager	穆迪 Analytics PortfolioManager	内部开发的 Merton 模型	穆迪 Analytics RiskFrontier4	数字技术

资料来源：IACPM（2011）。

第四章 银行意愿、企业还款能力与单一客户授信限额

——基于中国发债企业的实证分析

一家企业究竟应该获得多少授信呢？这既与企业自身的经济实力、还款能力相关，还与银行的偏好与决策相关，是每一个银行家必须面对的问题。1995年《商业银行法》颁布实施，要求实施"审贷分离""商业银行开展信贷业务，应当严格审查借款人的资信"，中国商业银行逐渐开始规范经营，但主要依靠审批人员的经验进行人工判断。到21世纪，随着巴塞尔协议的应用及国内商业银行的上市，信用风险的管理上了一个新的高度，更加规范，逐渐使用量化手段判断企业的信用等级，但由于准确度较低、国外模型不适用于中国企业、缺少动态调整机制以及使用习惯等问题，在商业银行实践中，模型计算出的债务承受额更多的是作为人工判断的辅助工具，很少被直接应用。直到现在，对于国内商业银行来讲，究竟一个企业能承受多少风险，银行又该给予企业多少授信仍然缺少一个可以量化的、可以信赖的计算依据。

国际上，信用风险限额在商业银行风险管理和控制中的应用是从20世纪60年代开始的。信用风险限额管理与20世纪90年代JP摩根提出的风险价值一脉相承，它是商业银行所能给予某一企业的最大贷款额度。信用风险限额代表了在一定风险偏好下商业银行对某项业务、某类产品、某个客户所能承受的最高风险，是管理风险的常用手段和有力工具。国际先进银行在实践中，往往是通过PD、LGD、EAD等风险计量的关键指标应用一系列高级模型测算出客户的债务承受能力。

本章在国内国际研究的基础上，提出了单一客户授信限额的多因子授信模型，并使用2011—2015年发债企业的面板数据进行了固定效应的实证检验。主要结论有企业的违约可能性对银行贷款意愿为负影响，但

在控制违约可能性的情况下，企业的债务水平对其为正影响，企业的应急偿付能力对其为正影响；企业是否盈利对银行贷款意愿为正影响，但在控制了是否盈利的情况下，毛利率越高银行贷款意愿越低；高成长性对银行贷款意愿为负影响；社会融资环境对银行贷款意愿为正影响；企业产权性质和上市情况对这种结论没有显著影响。

本章的创新主要体现在四个方面。第一，提出了一种新的实证策略，将单一客户的授信限额设定分解为企业还款能力与银行贷款意愿两部分，因为企业还款能力是反映企业是否会违约的指标，但对于能够偿付银行贷款的企业来说，能获得多少贷款，是由银行的偏好决定的，相应地，本书首次设计了银行贷款意愿这一指数，并着重研究哪些因素会影响银行贷款意愿。这个划分解决了以往单因子模型仅关注企业还款能力，未能准确刻画银行贷款意愿的问题。第二，提出了一种新的分类方法，将客户按归属轻、重资产行业划分，分别选取销售收入和净资产作为企业还款能力的关键指标，解决了单因子模型下不同类型的客户有不同的决定因子的问题。第三，采用多因子模型，较为全面地考察了企业的偿债能力、盈利能力等财务指标，评级、PD 等违约可能性指标，上市情况、企业性质、所在行业、社会融资环境等财务及非财务指标对企业授信的影响，解决了单因子模型及现有多因子模型考虑不够全面的问题。第四，本书采用发债及发债企业的授信数据进行影响因子的筛选，由于银行数据具有保密性，而发债企业公布了全部授信额度及授信使用情况，将发债企业作为研究对象，可以较好地解决因数据缺失而无法对银行微观数据进行实证研究的问题。本书力图通过以上创新弥补现有研究存在的不足，并为中国商业银行的决策提供量化支持与依据。

一、研究设计与模型设定

关于单一客户授信限额的文献分为两类。第一类是对违约概率的评估研究。学术界主要使用经验模型，基于经验寻找哪些财务和非财务指标对企业是否违约产生影响。1800 年起开始有类似的定性描述；1900 年起，穆迪公司、标普公司和杜邦财务体系开始引入单因子方法；1960 年末起，Altman 等人开始研发多因子方法，开发出著名的 Z – Score 法、Zeta 法、Z – metrics 法等；再到 1990 年后神经网络、机器学习等复杂模型出现。

第二类是根据学界的成熟理论，国际知名金融机构依据巴塞尔协议的相关规定及银行实际经营需求开发出的各类高级风险模型，主要包括结构化模型和精算类模型，如 CreditMetrics，CreditPortfolioView，KMV，和 CreditRisk + 等。它是对违约概率模型在银行设定单一客户授信限额中的应用研究，国内研究以定性文章为主，对现有的政策和流程进行梳理，并提出政策建议，如张文锋（2014）、潘沁（2019）等。定量研究主要覆盖三种类型的模型。一是单因子模型，不同学者选择因子标准不一且每种单一指标都有自身的局限，如 Abtey（1993）选择企业预期的营业收入，周明浩和王晓莹（2010）选择了现金流，陈燕（2011）选择以企业调整后的净资产为关键指标。二是多因子模型，较多考虑财务因素，对行业、评级、产权性质、社会融资环境等非财务指标考虑较少，如 Bazzi 和 Hasna（2015）筛选出 5 个最有效的因子：净收入比总资产、利息比营业额、营运资金需求比现有运营资金、股价比营业收入、平均结余。夏华等（2018）认为应收账款、存货、主营业务收入等财务指标和评级能较好地解释大中型客户实际授信额度，流动资产、主营业务收入和评级能较好地解释小微客户的实际授信额度。三是结构模型，往往比较复杂，在商业银行实际操作中较难直接应用，如陈林和周宗放（2015）使用遗传算法，Crawford 等（2018）考虑了一个非对称信息和不完全竞争市场的结构模型。

本章在前人研究的基础上，结合中国商业银行的实际，对多因子模型进行了优化和改进，提出了以下研究假设。

（一）研究假设

银行贷款意愿是银行贷款的偏好，这种授信的意愿往往由银行作为债权人追求贷款的收益性、流动性和安全性等因素综合决定（Edward，2016）。收益性指银行以盈利为目的，赚取存贷之间的利差；流动性指银行作为金融中介，放出去的贷款大部分来源都是存款，为了保证存款人能够支取，贷款必须保持一定的流动性，要有一定的应急和变现能力；安全性指银行作为债权人，不仅追求收益，还需要安全，不希望出现为了高利息而损失本金的情况，因此风险偏好稳健。本书根据分析，提出以下假设。

假设一：企业的违约可能性对银行贷款意愿为负影响，但在控制违约可能性的情况下，企业的债务水平对其为正影响，企业的应急偿付能力对其为正影响。

违约可能性指借款人在未来一定时期内不能按合同要求偿还银行贷款本息或履行相关义务的可能。从贷款安全性的角度讲，评级越好，PD越低，违约的可能性越低，安全性越高，银行越愿意给企业多贷款，这主要与银行需要防控风险，保证贷款的安全性与良好的资产质量有关。

在控制了违约可能性的情况下，对于具有同等还款可能性的客户，从盈利性的角度，银行倾向于给予债务水平较高的企业更多授信。首先，这是因为虽然有些企业资信状况和经营状况非常好，但是倾向于采用低财务杠杆的经营模式，无债一身轻，对于这样的企业，即使银行愿意借款，也难以营销，产生借贷关系。其次，债务水平较高的企业往往借款需求较大，在违约可能性较小的情况下，银行作为买方市场，给予企业更多的贷款，可以有更多的谈判权，更有利于银行获利，因此也愿意多贷款。最后，在控制了违约率的情况下，债务水平较高的企业融资能力往往比较强，即使出现了还款危机，也可以通过其他方式融资来置换银行贷款，因此银行贷款的意愿也就相对较高。

从流动性的角度讲，企业的短期偿付能力决定了企业是否会短期内使银行出现逾期及坏账，这对银行的流动性来说是一种考验，对新增不良率考核严格的银行十分重要。对于负责有关企业的客户经理和授信审批人员而言，任何一笔任期内出现的坏账都会导致绩效扣分，奖金缩水，监管严查甚至是被行政处分。因此企业短期内能否偿还债务，在必要的情况下，能否迅速变现手中资产以覆盖利息费用，对银行判断是否给予企业贷款至关重要。

假设二：企业是否盈利对银行贷款意愿为正影响，但在控制了是否盈利的情况下，企业毛利率越高，银行贷款意愿越低。

是否盈利是一个企业能否生存下去的重要基石。企业亏损往往可以从一定程度上反映出其战略导向有误，经营管理不善，成本控制不佳，产品销路不畅等一系列问题。如果连续多年亏损，则企业潜在风险很高，为了防止坏账及逾期贷款的产生，银行会对企业的授信持谨慎态度，因此企业是否盈利对银行贷款意愿有正的影响。

但在同等盈利的情况下，毛利率特别高的企业往往处于企业经营的快速成长期，不稳定性较大，不符合银行作为一个债权人稳健的风险偏好，尤其对于轻资产行业的企业而言，本身可以抵押给银行的资产较少，银行会更加谨慎，注重贷款的违约损失率，更愿意选择相对成熟的企业作为贷款的对象，保证自身收益的安全。因此，企业毛利率越高，银行贷款意愿反而越低。

假设三：企业的高成长性对银行贷款意愿为负影响。

银行在融资市场上扮演的是债权人的角色，与股权投资人要求高成长性、高回报率不同，银行更多要求的是稳定的现金流回报，因此会偏向于选择生命周期处于成熟阶段的客户。而处于高成长阶段的企业往往因为前景还不明朗，技术运用还不成熟，产品面对的市场更多依靠政策和补贴，不是商业银行信贷资金主要支持的对象，更应是投资银行关注的客群，对于抵（质）押较为困难的轻资产行业，这种情况会更为显著。因此高成长性对银行贷款意愿为负影响。

假设四：社会融资环境对银行贷款意愿为正影响。

银行是货币政策的执行者和传导者。如果整个经济发展向好，货币政策相对宽松，则银行放贷的审批也会相对较为宽松，愿意承担更多的风险，贷出更多的贷款（Borio and Zhu，2008；Altunbas et al.，2014；Kandrac and Schlusche，2017）。同时，在相对宽松的社会融资环境中，由于企业获得融资的渠道较多，银行不会过度担心自己的贷款到期时，企业没有其他渠道筹资，及时周转还款的情况。如果整个经济环境处于偏紧的状态，货币政策从紧，则银行放贷的审批也会相对比较严格，企业获得贷款的可能性也会下降。而社会发债水平一定程度上代表了社会融资的宽紧程度，因此社会融资环境对企业获得贷款的能力为正影响。

（二）主要变量说明

1. 被解释变量：银行贷款意愿指数 $[\ln\varphi(Cl_{t+1})]$

本书创新地提出了银行贷款意愿指数这一指标。企业能否获得贷款，能获得多少贷款主要取决于两个因素，一是企业的自身实力和还款能力，二是银行的贷款意愿。

根据 Abtey（1993）和陈燕（2011）的研究，企业的还款能力一般来说主要由两个财务指标决定，即净资产和销售收入。通常来说，由于重资产企业固定资产占比较高，净资产相对较高，净资产是抵抗风险的主要来源。净资产越多，企业抵抗风险的能力越强；而由于轻资产企业固定资产占比较低，净资产相对较低，销售收入相对较高，销售收入是抵抗风险的主要来源。销售收入越高，企业获得现金流的来源也就越充沛，还款来源越充沛，抵抗风险的能力就越强。那么如何知道一个企业自身的还款能力呢？可以考虑企业在行业内的相对位置，即 $NA_t \times \dfrac{Iada_t}{1 - Iada_t}$ 和 $SALES_t \times \dfrac{1}{Iasd_t}$，$Iada$ 代表行业平均资负率，$Iasd$ 代表行业平均销售负债比。相对位置越靠前，则由净资产和销售收入可以撬动的负债就越多，承债能力就越强。

银行贷款意愿指数根据银行的风险偏好和风险承担能力，在企业承债能力的基础上额外愿意给企业再增加多少额度，即在企业自身的还款能力之外，银行实际批出的授信额度还考虑了哪些因素。

对于不同行业，模型的贷款意愿指数 $\varphi(Cl_{t+1})$ 有以下不同的选择。

- 对于重资产行业的企业，基于客户净资产设置企业的承债能力和行业杠杆系数，即 $NA_t \times \dfrac{Iada_t}{1 - Iada_t}$，该指标可以衡量重资产行业企业的基础还款能力。在此基础上，将 $\varphi(Cl_{t+1}) = \dfrac{Cl_{t+1}}{NA_t \times \dfrac{Iada_t}{1 - Iada_t}}$ 作为银行贷款意愿指数，其中，Cl_{t+1} 为下一年银行给企业的实际授信额度。$\dfrac{Cl_{t+1}}{NA_t \times \dfrac{Iada_t}{1 - Iada_t}}$ 的

含义是企业第 $t+1$ 期获得的银行授信额度相对于 t 期经行业资负率杠杆系数调整后的企业承债能力的放大（缩小）倍数，体现了银行的贷款意愿。

- 对于轻资产行业的企业，基于客户销售收入设置企业的承债能力和行业杠杆系数，即 $SALES_t \times \frac{1}{Iasd_t}$，该指标可以反映轻资产行业企业的基础还款能力。在此基础上，将 $\frac{Cl_{t+1}}{SALES_t \times \frac{1}{Iasd_t}}$ 作为银行贷款意愿指数，其中，Cl_{t+1} 为下一年银行给企业的实际授信额度。$\varphi(Cl_{t+1}) = \frac{Cl_{t+1}}{SALES_t \times \frac{1}{Iasd_t}}$ 的含义是企业第 $t+1$ 期获得的银行授信额度相对于 t 期经销售负债比杠杆系数调整后的企业承债能力的放大（缩小）倍数，体现了银行的贷款意愿。

表 4.1　被解释变量中关键符号的描述

指标名称	符号	含义
银行贷款意愿指数	$\varphi(Cl_{t+1})$	代表银行的贷款意愿
重资产行业银行贷款意愿指数	$\dfrac{Cl_{t+1}}{NA_t \times \frac{Iada_t}{1-Iada_t}}$	企业第 $t+1$ 获得的银行授信额度相对于 t 期经行业资产负债率杠杆系数调整后的企业基础还款能力的放大（缩小）倍数，体现了对重资产行业的企业银行的贷款意愿
轻资产行业银行贷款意愿指数	$\dfrac{Cl_{t+1}}{SALES_t \times \frac{1}{Iasd_t}}$	第 $t+1$ 期获得的银行授信额度相对于 t 期经行业销售负债比杠杆系数调整后的企业基础还款能力的放大（缩小）倍数，体现了对轻资产行业的企业银行的贷款意愿
授信限额	Cl	银行一年内给予企业的用款额度
净资产	NA	净资产
收入	$SALES$	主营业务收入
行业平均资负率	$Iada$	行业总负债/行业总资产
行业平均销售负债比	$Iasd$	主营业务收入/有息负债总计

2. 解释变量和控制变量

为了捕捉银行贷款意愿的变动规律，需要收集尽可能全面的风险因子作为解释变量：企业杠杆因子、流动性因子、盈利因子、信用评级等。同时，作者希望模型尽可能简约，有较强的预测能力。因此，需要进一步对因子进行筛选，例如，采用相关性和共线性分析、逐步回归、岭回归等方法根据因子贡献大小选择最有效的解释变量。

我们从表4.2的40个因素①中最终筛选出19个因素作为本章分析的风险因子。

表4.2　风险因子及其类别

风险因素	类别	风险因素	类别
总资产	规模	投资活动现金流	流动性
货币资产	规模	筹资活动现金流	流动性
总债务	规模	流动比率	流动性
带息债务	规模	速动比率	流动性
未使用授信额度	估值	存货周转率	流动性
净资产	估值	短期债务/总债务	流动性
净债务	估值	获息倍数	流动性
未使用授信额度/总授信额度	估值	主营业务收入	盈利能力
主营业务收入增长率（%）	成长	主营业务利润	盈利能力
经营性现金流/EBITDA	成长	EBITDA	盈利能力
资产负债率	杠杆	净利润	盈利能力
带息债务/总投入资本	杠杆	主营业务利润率	盈利能力
货币资金/短期债务	杠杆	总资产回报率	盈利能力
货币资金/总债务	杠杆	净资产回报率	盈利能力
EBITDA/有息负债	杠杆	EBITDA/营业总收入	盈利能力
主营业务收入/有息负债	杠杆	违约概率	评级
利息保障倍数	杠杆	评级展望	评级
流动比率	流动性	评级变动	评级
经营活动现金流	流动性	社会融资环境	外部环境
企业性质	属性	是否上市	属性

---

① 本章参考了 Bazzi and Hasna（2015）中的因子，选取了部分并添加了更符合中国银行业实践的因子作为补充。

这 19 个解释变量与控制变量主要可分为违约可能性、债务水平、应急偿付能力、盈利与否、盈利能力、成长性、社会融资环境、产权性质和是否上市几个方面，详见表 4.3。

表 4.3　解释变量及控制变量描述

指标类型	指标名称	符号	含义
违约可能性	违约概率	pd	借款人在未来一定时期内不能按合同要求偿还银行贷款本息或履行相关义务的可能性。
	评级展望	rate prospect	信用评级在未来 1~2 年内可能的变动方向，反映了财务或其他方面的趋势还未到触发评级变动的程度，但如果该趋势持续，则评级会向该方向变动。一般分为（1）正面；（2）稳定；（3）观望；（4）负面
	评级变动	rate change	评级在过去一年内的变动情况，分为（1）上调；（2）下调；（3）不变
债务水平	资产负债率	L/A	负债比资产的值，一般是企业长期负债能力的衡量标准
	收入/有息负债	sales/L with int	企业主营业务收入与有息负债的比例。有息负债一般包括长短期借款，应付票据等需要付息的负债
	息税折旧摊销前利润/有息负债	ebitda/L with Int	企业息税折旧摊销前的利润与有息负债的比值，一般反映缴税、利息、折旧摊销前的利润覆盖有息负债的能力
	现金负债比	cash/total debt	现金与总负债的比值，持有的现金能够覆盖全部债务的可能性
应急偿付能力	现金/短期借款	cash/short loan	现金与短期借款的比值，反映企业交税及利息前的利润覆盖利息的能力
	利息保障倍数	int coverage	息税前利润与利息的比值，现金能覆盖应付利息的可能性，反映偿还全部利息的能力
	流动比率	current ratio	流动资产比流动负债，流动资产变现能否偿还流动负债

续表

指标类型	指标名称	符号	含义
是否盈利	净利润是否为正	IF NI > 0	净利润是否为正
	主营业务利润是否为正	IF gross profit > 0	主营业务利润是否为正
盈利能力	主营业务利润率	gross profit rate	主营业务利润比主营业务收入，毛利率的一种表现形式
	资产回报率	roa	净利润与总资产的比值
	净资产回报率	roe	净利润与净资产的比值
成长性	主营业务收入增长率	revenue growth rate	当年和上一年相比主营业务收入增长的情况，反映规模扩张的情况
社会融资环境	社会发债水平	social total debt	当年全部企业发债的规模，反映社会融资环境和货币宽紧程度
产权性质	产权性质	c or nc	虚拟变量，考虑企业是否是中央国有企业
是否上市	企业是否上市	ipo or nipo	虚拟变量，考虑企业上市与否

（三）模型设定

1. 单一客户多因子授信限额模型

银行贷款意愿的单一客户多因子授信限额模型可以表示成：

$$y = \beta^T F_{i,t} + u_i + \varepsilon_{i,t} \tag{4.1}$$

$$其中, y = \ln\varphi(Cl_{i,t+1}) \tag{4.2}$$

$\ln\varphi(Cl_{i,t+1})$ 是被解释变量，表示银行下一期对 i 企业的贷款意愿的对数，$Cl_{i,t+1}$ 为银行下一期给予 i 企业的授信额度。其中，

$$\varphi(Cl_{i,t+1}) = \frac{Cl_{i,t+1}}{企业基础还款能力_{i,t}} \tag{4.3}$$

$$企业基础还款能力_{i,t} = \begin{cases} NA_{i,t} \times \dfrac{Iada_t}{1 - Iada_t}, 如果企业\ i\ 属于重资产行业 \\ \\ SALES_{i,t} \times \dfrac{1}{Iasd_t}, 如果企业\ i\ 属于轻资产行业 \end{cases}$$

$$(4.4)$$

$F_{i,t} = (1, X_{i,t}^{(1)}, X_{i,t}^{(2)}, \cdots, X_{i,t}^{(N)})$ 是解释变量，表示第 t 期 i 企业的风险因子向量，由违约可能性、债务水平、应急偿付能力、盈利与否、盈利能力、成长性、社会融资环境几个因子构成。本书还引入了两个虚拟变量：产权性质和是否为上市公司来检验模型的稳定性。

$\beta_t = (\beta_{0,t}, \beta_{1,t}, \cdots, \beta_{N,t})$ 是系数向量，u_i 是个体效应（此为个体效应面板回归模型），$\varepsilon_{i,t}$ 是残差项。

2. 预测及动态调整模型

可以根据已经估计出的贷款意愿系数 $\hat{\beta}$，和残差 $\hat{\varepsilon}$ 来预测下一期企业能获得多少贷款，作为银行审批的依据；也可以在企业出现重大风险因素调整或重大风险事项时，使用模型已经估计出的贷款意愿系数 $\hat{\beta}$，和残差 $\hat{\varepsilon}$ 来进行模型的动态调整，达到优化信贷风险管理的目标。可令

$$Cl_{t+1} = \exp(\hat{\beta}_t^T F_t + \hat{\varepsilon}_t) \times 企业还款能力_t \quad (4.5)$$

通过上述公式，即可代入不同企业的财务及属性指标，计算该企业可以获得多少贷款。

二、数据来源与样本选择

本章全部样本数据来自 Wind 数据库，选取 2011—2015① 年全部信用债发债企业作为研究对象。虽然银行对每个企业的贷款金额的数据属于保密数据，不易获得，但鉴于发债企业会在其债券募集说明书中披露其银行授信数据、财务数据、评级数据等，因此发债企业数据可以作为较好的替代研究对象，在一定程度上为银行业研究领域因为缺少微观企业

---

① 本章数据的起始年份为 2010 年，对于 2011 年银行的贷款偏好数据，本章使用 2010 年的数据来估计。

授信数据而相关实证研究较少的情况作了有益的补充。虽然这种样本选取可能会面临发债企业是否资信水平本身就比较高，才拥有发债资格的质疑，但是由于银行也倾向于给发展相对较好的企业贷款，这种样本选择是实际且相对有效的。本章数据的频率是年，包括 2011—2015 年发债企业的银行授信统计数据、2011—2015 年企业财务分析数据、2011—2015 年企业评级及评级变动数据等。

初始样本数量为 11748 个，剔除 3853 个授信总额没有更新的样本，再删除 1239 个有缺失数据的样本，总共得到 6656 个有效的样本。本书主要考虑重资产和轻资产行业的企业，对于 Wind 上标为综合类行业的公司，我们发现绝大部分是地方政府平台或者投资控股平台，性质较为特殊，其授信情况多由地方政府的财政实力决定，不在本章的讨论范围，删除这部分 1023 个样本，最终纳入讨论的有效样本数量为 5634 个。

根据各行业的财务特征[①]与中国银行业的经营实践，对样本中的重资产和轻资产行业进行了以下划分。其中制造业，交通运输、仓储和邮政业，电力、热力、燃气及水生产和供应业是前三大重资产行业，客户数占整个重资产行业的 79%。农林牧渔业是客户数最少的行业，客户数仅占 1%。对于轻资产行业，建筑业的客户数占比最高，达 60%，批发零售业占 23%，包括文体、信息、金融、维修等一系列行业的其他服务业仅占 16%。

表 4.4　行业分类

分类	行业	样本数
重资产	制造业	2093
	房地产业	263
	交通运输、仓储和邮政业	622
	电力、热力、燃气及水生产和供应业	562
	水利、环境和公共设施管理业	112
	采矿业	460
	农林牧渔业	61

---

① 主要是销售收入与固定资产的比值。

分类	行业	样本数
	批发和零售业	338
轻资产	建筑业	882
	其他行业	241

注：其他行业主要是服务业，包括：居民服务，修理和其他服务业，金融业，租赁和商务服务业，文化、体育和娱乐业，住宿和餐饮业，卫生和社会工作，信息传输、软件和信息技术服务业，科学研究和技术服务业。

资料来源：Wind 数据库及作者整理。

三、实证分析

（一）描述性统计

本节分重资产和轻资产行业分别展示了主要变量的描述性统计情况，并针对发债规模走势、授信规模走势、行业授信占比分布及企业性质分布等情况进行了阐述。

1. 重资产行业

从表 4.5 可以看出，重资产行业的观测值为 4173 个，银行意愿指数平均为 2.5，波动不大，标准差为 6.11。

从是否盈利及盈利能力来看：净利润大于零的企业占了 88%，主营业务收入大于零的企业占了 79%，可见在 2011—2015 年的下行周期内存在一些亏损的企业，而且净利润为正比主营业务收入为正的企业要多，说明为了弥补亏损一些企业可能采用了经营非主营业务（如参与房地产、股市投机等）或者变相出售资产来盈利的模式；主营利润率、资产回报率、资本回报率基本符合重资产行业的盈利能力和财务特征，平均值分别为 5%、2%、4%，相对较低且波动不大，最小值均小于零，可见传统的重工业行业利润薄，回报率低。

从成长性来看：主营收入增长率相对较低，平均值为 14%，且波动值相对较小，标准差为 0.39，可见重资产行业大多处于生命周期的成熟阶段，成长性不足。

从债务水平及短期还款能力来看：资产负债率、销售负债比、息税摊销折旧前利润负债比，现金负债比等反映长期债务水平的指标比较符合重资产行业的特征，平均值分别为 0.61、1.71、25.34、0.20，资产负债率和销售负债比均较轻资产行业的客户低一些，符合重资产行业净资产相对较多，销售收入相对较低的特点。短期偿债能力现金短债比、利息保障倍数、流动比率平均值分别为 0.44、9.77、1.27，相对轻资产行业较低，符合重资产行业固定资产相对较多，流动可变现资产相对较少的特点。

从违约可能性来看：重资产行业违约概率平均值为 0.02785%，与轻资产行业基本相近，可以说轻重资产行业的违约概率基本相同、评级调整上调占比为 4.53%，下调占比为 1.01%，整体的预期要比轻资产行业差一些，这可能是由于重资产行业大部分为周期行业，在 2011—2015 年的经济下行期，对周期行业的预期要差一些。

表4.5　重资产行业主要变量描述性统计

变量	观测值	均值	标准差	最小值	最大值
Y	4173	−0.32	1.53	−5.38	4.67
Φ	4173	2.50	6.11	0.00	106.79
pd	4173	0.00	0.00	0.00	0.02
rate prospect	4173	−0.07	0.40	−2	1
rate change	4173	0.04	0.23	−1	1
L/A	4173	0.61	0.14	0.09	1
sales/L with int	4173	1.71	2.08	0	35.03
ebitda/L with Int	4173	25.34	34.48	−71.51	640.27
cash/total debt	4173	0.20	0.16	0	2.05
cash/short loan	4173	0.44	0.50	0	16.34
int coverage	4173	9.77	100.34	−21.51	5667.81
current ratio	4173	1.27	1.16	0.03	28.49
IF NI > 0	4173	0.88	0.32		
IF gross profit > 0	4173	0.79	0.41		

续表

变量	观测值	均值	标准差	最小值	最大值
gross profit rate	4173	0.05	0.26	−6.74	3.54
roa	4173	0.02	0.04	−0.59	0.38
roe	4173	0.04	1.52	−91.79	2.19
revenue growth rate	4173	0.14	0.39	−0.87	10.54
social total debt	4173	96774.83	34404.78	36318.15	144329

2. 轻资产行业

从表4.6可以看出，轻资产行业的观测值为1461个，银行意愿指数平均为8.02，波动较大，标准差为32.35，均值和标准差均大于重资产的行业。这可能是轻资产行业往往缺少抵押品，一般银行的议价能力较强，在控制违约率的情况下，银行更愿意贷给利润率高的轻资产行业，但是波动性高说明银行也会更加挑剔，审慎决定为哪个客户贷款。

从是否盈利及盈利能力来看：净利润大于零的企业占了97%，主营业务收入大于零的企业占了82%，盈利企业占比较重资产行业情况好；主营利润率、资产回报率、资本回报率基本符合轻资产行业的盈利能力和财务特征，平均值分别为5%、2%、7%，相对较低且波动不大，最小值均小于零，其中主营业务利润率、资产回报率与重资产行业持平，但资本回报率相对较高，符合轻资产行业净资产相对较低的特点。

从成长性来看：主营收入增长率相对较高，平均值为30%，是重资产行业的两倍，且波动值相对较高，标准差为2.15，是重资产行业的5.5倍，可见轻资产行业的企业相对处于生命周期的早期阶段，成长性较高，但企业个体差异大。

从债务水平及短期还款能力看：资产负债率、销售负债比、息税摊销折旧前利润负债比、现金负债比等反映长期债务水平的指标平均值分别为0.62、2.32、24.50、0.21，其中，销售负债比是重资产行业的客户的1.36倍，相对较高，符合轻资产行业销售收入相对较高的特点。短期偿债能力指标现金短债比、利息保障倍数、流动比率平均值分别为0.49、19.44、2.40，远高于重资产行业，符合轻资产行业固定资产相对较少，流动性强的特点。

从违约可能性来看：轻资产行业的违约概率平均值为 0.02834%，评级调整上调占比为 6.09%，下调占比为 0.14%，整体的预期要比重资产好一些，这可能是由于轻资产行业大部分为朝阳行业。

表4.6　轻资产行业主要变量描述性统计

变量	观测值	均值	标准差	最小值	最大值
y	1461	1.04	1.29	−3.42	6.88
φ	1461	8.02	32.35	0.03	974.51
pd	1461	0.00	0.00	0.00	0.00
rate prospect	1461	−0.01	0.23	−2	1
rate change	1461	0.06	0.24	−1	1
L/A	1461	0.62	0.16	0.13	0.97
sales/L with int	1461	2.32	4.32	0	76.5
ebitda/L with Int	1461	24.5	145.98	−15.67	4023.56
cash/total debt	1461	0.21	0.14	0	1.39
cash/short loan	1461	0.49	0.63	0.01	14.22
int coverage	1461	19.44	151.03	−9.22	4182.71
current ratio	1461	2.40	2.75	0.2	29.68
IF NI > 0	1461	0.97	0.17	0	1
IF gross profit > 0	1461	0.82	0.39	0	1
gross profit rate	1461	0.05	0.92	−29.22	13.08
roa	1461	0.02	0.02	−0.1	0.24
roe	1461	0.07	0.44	−16.38	0.67
revenue growth rate	1461	0.30	2.15	−0.94	47.76
social total debt	1461	104059.3	32463.67	36318.15	144329

3. 解释、控制变量相关性分析

表4.7 展示了所有解释变量和控制变量的相关系数矩阵。从表中可以看出，解释变量、控制变量之间的相关程度都较弱，从而能够减少因共线性带来的模型估计不准确的问题。

表 4.7 解释变量、控制变量的相关系数矩阵

变量	pd	rate prospect	rate change	L/A	sales/L with int	ebitda/L with Int	cash/total debt	cash/short loan	int coverage	current ratio	IF NI>0	IF gross profit>0	gross profit rate	roa	roe	revenue growth rate	social total debt
pd	1.00																
rate prospect	-0.05	1.00															
rate change	-0.09	0.09	1.00														
L/A	-0.01	-0.11	-0.02	1.00													
sales/L with int	-0.01	0.03	0.02	-0.07	1.00												
ebitda/L with Int	-0.02	0.04	0.01	-0.18	0.46	1.00											
cash/total debt	0.02	0.06	0.01	-0.38	0.21	0.14	1.00										
cash/short loan	-0.01	0.04	0.01	-0.30	-0.03	0.03	0.49	1.00									
int coverage	0.00	0.02	0.05	-0.05	0.03	0.02	0.03	0.01	1.00								
current ratio	0.02	0.04	0.01	-0.38	-0.10	-0.03	0.14	0.53	0.05	1.00							
IF NI>0	-0.01	0.25	0.10	-0.19	0.07	0.08	0.12	0.04	0.04	0.10	1.00						
IF gross profit >0	-0.02	0.19	0.09	-0.12	0.15	0.11	0.14	0.00	0.02	-0.03	0.56	1.00					
gross profit rate	-0.02	0.06	0.03	-0.06	0.01	0.05	0.05	-0.01	0.02	-0.06	0.12	0.22	1.00				
roa	-0.02	0.20	0.11	-0.37	0.24	0.25	0.27	0.10	0.07	0.00	0.48	0.47	0.21	1.00			
roe	0.00	0.05	0.07	-0.06	0.02	0.03	0.02	0.01	0.01	0.00	0.12	0.09	0.05	0.32	1.00		
revenue growth rate	0.01	0.04	0.04	-0.01	-0.02	0.00	0.01	0.04	0.01	0.09	0.06	0.03	0.02	0.03	0.00	1.00	
social total debt	0.00	-0.07	-0.07	-0.02	-0.07	-0.04	-0.03	-0.01	-0.02	0.09	-0.10	-0.12	0.00	-0.14	-0.02	-0.06	1.00

4. 融资环境、行业结构、企业性质及上市情况

从整个国内市场的融资环境来看，融资环境较为宽松，发债及授信规模逐年大幅上升。图4.1展示了2007—2015年国内信用债规模的走势。2009年以后信用债快速扩张，发行额和期末余额均呈上升态势，债券融资额屡创新高，这和2008年后40000亿元资金的投放相关，体现了我国较为宽松的融资环境。

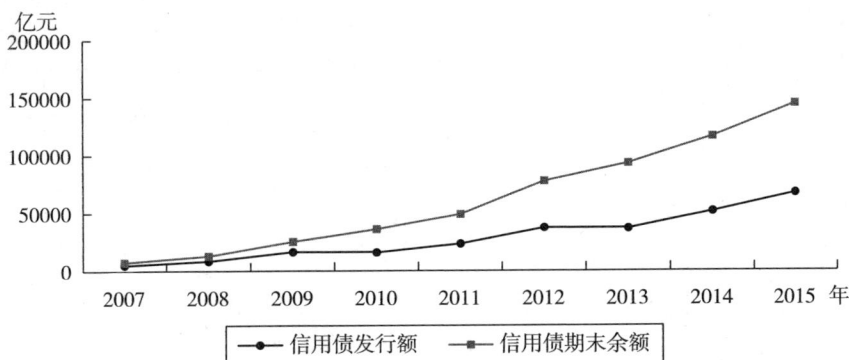

图 4.1　信用债规模

（资料来源：Wind 数据库及作者整理）

图4.2展示了2010—2015年信用债发债客户的授信总额及未使用授信的规模，其中，每个企业的授信额度是所有商业银行给予的额度的汇

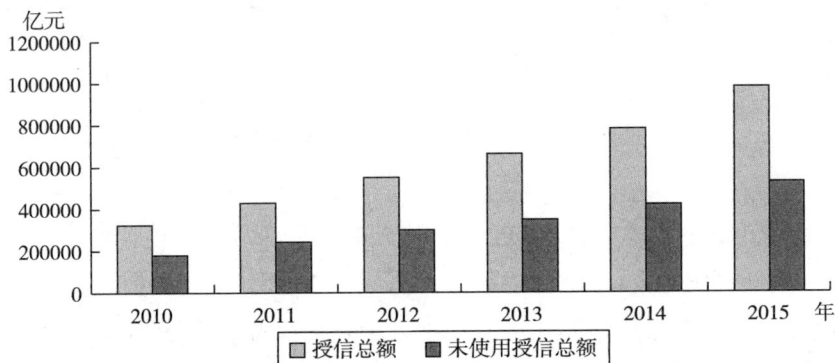

图 4.2　授信总额以及未使用授信总额分布

（资料来源：Wind 数据库及作者整理）

总，未使用授信是银行已审批但企业未提款的部分。从图中可以看出，银行授信总额、未使用授信总额都逐年递增，显示了 2010—2015 年我国处于较为宽松的信贷环境，呈现资金多项目少，银根较松但资产荒的情形。

图 4.3 展示了 2010—2015 年各行业的授信总额的占比情况。从行业授信占比看，在重资产行业中，制造业，电力、热力、燃气及水生产和供应业，以及采矿业的授信占比最高；在轻资产行业中，建筑业的授信占比最高。从总体上看，制造业授信占比最高，其次是电力、热力、燃气及水生产和供应业以及建筑业，三者授信总占比超过 60%。农林牧渔业，水利、环境和公共设施管理业以及其他服务业占比最小，三个行业加起来占比不超过 3%。

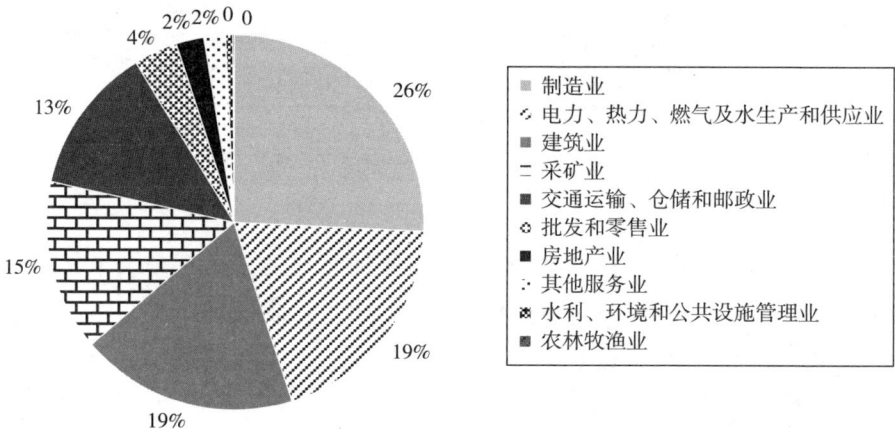

图 4.3　2010—2015 年各行业授信占比分布

(资料来源：Wind 数据库及作者整理)

图 4.4 展示了不同性质的企业的客户数量分布和授信占比情况。在接受信贷的企业中，国有企业的数量远远大于非国有企业的数量，并且国有企业的授信占比高达 92%，其中中央国有企业占到 53.97%，我们的数据是针对信用债发债企业，国有企业（尤其是大型央企）由于占据行业垄断地位，且有国家的隐性信用担保，发债更容易。

从企业是否上市看，接受银行授信的企业大多数是非上市企业，并

不同性质企业授信占比

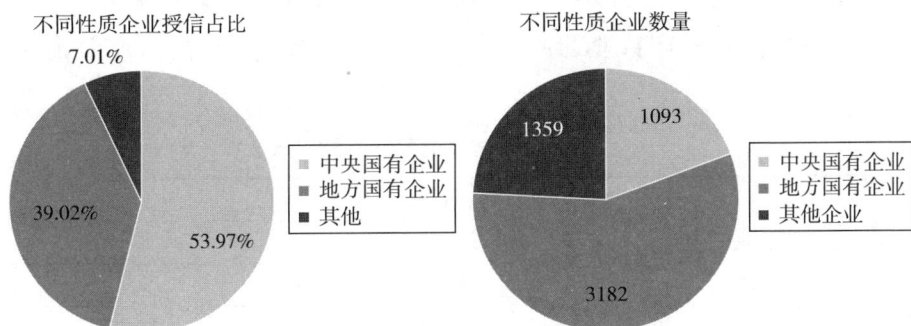

不同性质企业数量

图 4.4 不同性质的企业的客户数量和授信占比

（资料来源：Wind 数据库及作者整理）

且非上市企业的授信额度远大于上市企业的授信额度（见图 4.5）。这是因为上市企业拥有更多的融资渠道，如股权融资和债券融资，而且直接融资的成本往往低于间接融资。

上市企业与非上市企业的数量

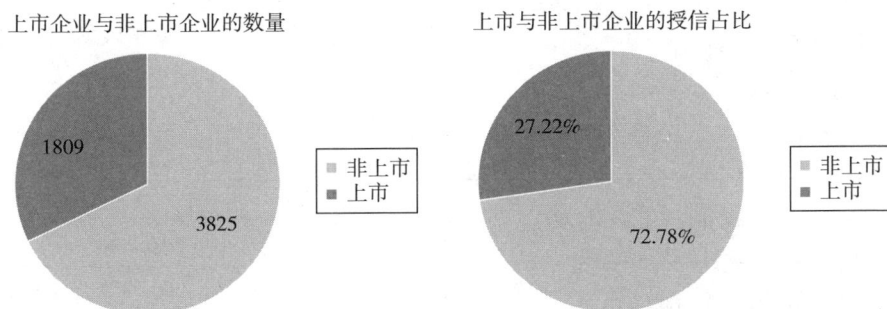

上市与非上市企业的授信占比

图 4.5 上市企业与非上市企业的数量分布及授信占比

（资料来源：Wind 数据库及作者整理）

（二）回归结果分析

经过 F 检验和 HAUSMAN 检验，发现固定效应的面板数据回归优于混合回归及随机效应面板数据回归。使用固定效应的面板数据分别对重资产和轻资产行业进行回归，评估不同因子对银行贷款意愿的影响，得到表 4.8 中的结果①，其中（1）列 ha 代表重资产行业回归的结果，（2）列 la 代表轻资产行业的回归结果。回归结果与本章的研究假设相一致。

表 4.8　全样本的回归结果

变量	（1）	（2）
	ha	la
	y	y
pd	− 36.75 **	− 34.73
	(15.14)	(35.60)
rate prospect	0.0812 ***	− 0.0353
	(0.0201)	(0.0344)
rate change	0.0242	0.0289
	(0.0307)	(0.0692)
L/A	1.110 ***	0.434
	(0.221)	(0.487)
sales/L with int	− 0.0265	− 0.0254 ***
	(0.0171)	(0.00514)
ebitda/L with Int	− 0.000139	1.91e − 05
	(0.000760)	(3.14e − 05)
cash/total debt	0.144	− 0.286
	(0.161)	(0.204)
cash/short loan	− 0.0369	0.178 ***
	(0.0945)	(0.0647)
int coverage	− 7.33e − 07	0.000105 **
	(3.47e − 05)	(4.22e − 05)
current ratio	0.0421	0.00771
	(0.0363)	(0.0171)

---

① 在本章描述实证结果的表格中，数字表示回归结果，下方括号中的数字表示该结果的 t 值。如果该回归结果符合 1% 的显著程度，会标注 " *** "；符合 5% 的显著程度，会标注 " ** "；符合 10% 的显著程度，会标注 " * "。

续表

变量	(1)	(2)
	ha	la
	y	y
IF NI > 0	0.0165	0.225 **
	(0.0321)	(0.114)
IF gross profit > 0	0.0280	−0.0863
	(0.0248)	(0.101)
gross profit rate	−0.0276	−0.121 ***
	(0.0415)	(0.0280)
roa	0.737	−0.672
	(0.474)	(1.608)
roe	0.00103	0.000721
	(0.00235)	(0.0126)
revenue growth rate	−0.0214	−0.0371 ***
	(0.0177)	(0.0129)
social total debt	3.86e−06 ***	1.96e−06 ***
	(2.80e−07)	(5.50e−07)
Constant	0.574 ***	0.471
	(0.159)	(0.330)
观测值	4173	1461
R − squared	0.159	0.179

注：Robust standard errors in parentheses, *** $p < 0.01$, ** $p < 0.05$, * $p < 0.1$。

从违约可能性和债务水平来看：企业的违约可能性对银行贷款意愿为负影响；在控制违约概率的情况下，企业的债务水平对银行贷款意愿为正影响；从短期负债能力来看：企业的应急偿付能力对银行贷款意愿为正影响。

重资产行业违约概率（PD）每增加0.01，银行贷款意愿就会压缩36.75%，违约概率反映了企业违约的可能性。一般而言，违约概率越低，企业违约的可能性越小，银行越愿意给予企业更多的贷款，贷款被拖欠的可能性越小，银行的资产质量越有保证。评级展望每增加1（评级展望上调一档），银行贷款意愿上升 8.12%，评级展望越好，说明对企业未来的预期越好，企业未来违约的可能性越小，银行越愿意给予企业更多的贷款。这主要和银行需要防控风险，保证贷款的安全性与良好的资产质量有关。

重资产行业资产负债率每增加 0.01，即债务水平上升，银行贷款意愿上升 1.11%，轻资产行业销售负债比每降低 0.01，即债务水平上升，银行贷款意愿上升 0.0254%。这刚好与两类行业风险承担能力最主要看中的指标相一致，再次印证了本章的分类依据。在控制了违约概率的情况下，银行倾向于给予债务水平较高的企业更高的授信。这是因为首先，虽然有些企业资信状况、经营状况良好，但是倾向于低杠杆的经营模式，不喜欢使用负债来扩大再生产，对于这样的企业就算银行愿意借款，也难以形成借贷关系。其次，债务水平较高的企业往往借款需求较大，在违约可能性较小的情况下，银行给予企业更多的贷款，可以有更多的谈判权，更有利于银行获利，因此也愿意多贷款。最后，在控制了违约率的情况下，债务水平较高的企业，融资能力往往比较强，即使出现了还款危机，也可以通过其他方式融资来置换银行贷款，因此银行贷款的意愿也就比较高。

轻资产行业的现金短债比每增加 1，银行贷款意愿 17.8%。轻资产行业的利息保障倍数每增加 0.01，银行贷款意愿上升 0.000105%。债务水平的影响往往体现的是企业的长期还款能力，银行愿意承担一定的风险向债务水平较高的借款主体提供贷款。但是对于银行而言，企业的短期偿付能力决定了企业是否会立刻出现逾期及坏账，这对不良率及新增不良考核严格的银行来说是十分重要的。相关业务人员任何一笔任期内出现的坏账都会导致绩效被扣分，奖金缩水，监管严查甚至是问责处分。因此企业短期内能否偿还债务，在必要的情况下，能否迅速变现手中资产以覆盖利息费用，对银行判断是否给企业批贷至关重要。

从以上分析可以验证假设一的结论。

从是否盈利来看：企业是否盈利对银行贷款意愿为正影响；从盈利能力来看：在控制是否盈利的情况下，毛利率越高，银行贷款意愿越低。

对于轻资产行业，与净收入为正的企业比，对于净收入为负的企业，银行贷款意愿高出 22.5%。是否盈利是一个企业能否生存下去的重要依据。企业亏损往往可以从一定程度上反映出战略导向有误，经营管理不善，成本控制不佳，产品销路不畅等一系列问题。如果连续多年亏损，则企业潜在风险很高，为了防止坏账及逾期贷款的产生，银行会对企业的授信持谨慎态度，因此是否盈利对银行贷款意愿有正的影响。

轻资产行业的主营业务利润率每增加 1，银行贷款意愿下降 12.1%。毛利率特别高的企业往往处于经营的快速成长期，不稳定性较大。对于轻资产行业而言，企业可以抵押给银行的资产相对较少，因此银行会对这类企业更加审慎。银行作为债权人，风险偏好往往稳健，更愿意选择相对成熟的企业作为贷款的对象，保证自身贷款的安全。尤其在控制了企业的销售能力后，如果该企业的毛利率仍然非常高，银行需要审慎进行评估。因此，企业毛利率越高，银行贷款意愿反而越低。

从以上分析可以验证假设二的结论。

从成长性来看：高成长性对银行贷款意愿为负影响。

轻资产行业主营业务增长率每增加 1，银行贷款意愿就降低 3.71%。银行在融资市场上扮演的是债权人的角色，与股权投资人要求高成长性、高回报率不同，银行更多要求的是稳定的现金流回报，因此会偏向于选择生命周期处于成熟阶段的客户。因此处于高成长阶段的企业往往因为前景不甚明朗而被风险偏好较为稳健的银行减分，对于抵质押较为困难的轻资产行业，这种情况会更为显著。因此高成长性对银行贷款意愿为负影响。

从以上分析可以验证假设三的结论。

从社会融资宽松程度看：社会融资环境对银行贷款意愿为正影响。

社会信用债总额每增加 1 个单位，重资产行业的银行贷款意愿上升 0.000386%，轻资产行业上升 0.000196%。银行是货币政策的执行者和传导者。如果整个经济发展向好，货币政策相对宽松，则银行放贷的审批也会相对较为宽松，企业获得融资的渠道较多，银行不会过度担心自己的贷款到期无人承接的问题。如果整个经济环境处于偏紧的状态，货币政策较为紧缩，则银行放贷的审批也会相对比较严格，企业获得贷款的能力也会下降。而社会发债水平在一定程度上代表了社会融资的宽紧程度，因此社会发债水平对企业获得贷款的能力为正影响。

从以上分析可以验证假设四的结论。

（三）稳健性检验

1. 企业产权性质的稳健性检验

为了检验回归结果的稳健性，本章将企业按属性分为中央国有企业和非中央国有企业，其中，非中央国有企业包含了地方国有企业。采用固定效应的面板数据对模型进行检验，发现结果与整体回归的结果基本一致，因此央企和非央企对银行贷款意愿的影响不大，最主要还是看每个个体的具体情况，结果稳健。具体而言，对于重资产行业，央企与非央企分类模型回归结果中显著变量的符号与整体回归是一致的。同样地，对于轻资产行业，央企与非央企分类模型回归结果中显著变量的符号与整体回归基本是一致的，唯独利息保障倍数（int coverage）的解释不同，这可能是因为轻资产行业中央企的数量过少，影响了检验结果。

表4.9中（1）列 hac 代表重资产行业央企客户的检验结果，（2）列 hanc 代表重资产行业非央企客户的检验结果，（3）列 lac 代表轻资产行业央企客户的检验结果，（4）列 lanc 代表轻资产行业非央企客户的检验结果。

表 4.9　稳健性检验——央企客户与非央企客户

变量	（1）	（2）	（3）	（4）
	hac	hanc	lac	lanc
	y	y	y	y
pd	− 3.883	− 39.22 **	13.41	46.84
	(37.31)	(16.38)	(55.60)	(224.0)
rate prospect	0.121 **	0.0729 ***	− 0.0784	− 0.0645
	(0.0493)	(0.0225)	(0.111)	(0.0429)
rate change	0.0976	0.00337	0.0614	0.0268
	(0.0629)	(0.0346)	(0.148)	(0.0729)

续表

变量	（1）	（2）	（3）	（4）
	hac	hanc	lac	lanc
	y	y	y	y
L/A	0.857*	1.126***	3.386	0.396
	(0.438)	(0.251)	(2.337)	(0.507)
sales/L with int	−0.0649*	−0.0161	−0.0510***	−0.0303***
	(0.0392)	(0.0183)	(0.0178)	(0.0113)
ebitda/L with Int	−0.000744	−0.000219	−9.85e−06	0.000220
	(0.00206)	(0.000762)	(1.02e−05)	(0.000257)
cash/total debt	−0.324	0.209	1.711	−0.271
	(0.384)	(0.171)	(1.428)	(0.213)
cash/short loan	0.0776	−0.0609	−0.265	0.181***
	(0.102)	(0.110)	(0.749)	(0.0647)
int coverage	0.000481***	−1.71e−05	−0.0244**	0.000105**
	(0.000137)	(4.68e−05)	(0.0112)	(4.08e−05)
current ratio	−0.00376	0.0543	0.288	0.00782
	(0.0394)	(0.0445)	(0.357)	(0.0172)
IF NI > 0	0.138**	−0.0128	−0.0431	0.248**
	(0.0621)	(0.0356)	(0.485)	(0.124)
IF gross profit > 0	0.0373	0.0251	0.539	−0.140
	(0.0508)	(0.0282)	(0.579)	(0.0972)
gross profit rate	0.143	−0.0315	3.391	−0.120***
	(0.581)	(0.0450)	(4.062)	(0.0282)
roa	0.478	0.667	2.750	1.534
	(1.403)	(0.543)	(3.002)	(2.056)
roe	−0.00148	−8.53e−05	−0.00933	−0.583
	(0.00375)	(0.00360)	(0.0208)	(0.428)
revenue growth rate	−0.112***	−0.00985	−0.302	−0.0367***
	(0.0315)	(0.0173)	(0.213)	(0.0129)
social total debt	3.27e−06***	3.95e−06***	−9.94e−07	2.23e−06***
	(6.19e−07)	(3.17e−07)	(1.59e−06)	(6.66e−07)

续表

变量	（1） hac y	（2） hanc y	（3） lac y	（4） lanc y
Constant	1. 693 *** （0. 348）	0. 322 * （0. 177）	− 2. 775 （2. 192）	0. 545 （0. 358）
观测值	898	3275	195	1266
R − squared	0. 147	0. 175	0. 281	0. 195

注：Robust standard errors in parentheses *** $p < 0.01$, ** $p < 0.05$, * $p < 0.1$。

2. 企业是否上市的稳健性检验

为了进一步检验回归结果的有效性，本书按客户是否上市分类，对重资产、轻资产行业的客户分别进行检验，结果与整体回归的结果基本一致，企业是否上市对银行意愿的影响不大，最主要的还是看每个个体的具体情况，检验相对稳健。对于重资产行业，上市与未上市分类模型回归结果中显著变量的符号与整体回归是一致的，显著变量的系数符号相同。而对于轻资产行业，分类模型的回归结果中显著变量的符号与整体回归也基本一致，仅利息保障倍数和毛利率两个指标有偏差，这可能是因为轻资产行业上市企业数量过少。总体来看，上述两种稳健性检验都验证了本章模型的有效性和稳定性。

表 4. 10 中（1）列 haipo 代表重资产行业上市企业的检验结果，（2）列 hanipo 代表重资产行业非上市企业的检验结果，（3）列 laipo 代表轻资产行业上市企业的检验结果，（4）列 lanipo 代表轻资产行业非上市企业的检验结果。

表 4. 10 稳健性检验——上市客户与未上市客户

变量	（1） haipo y	（2） hanipo y	（3） laipo y	（4） lanipo y
pd	− 27. 69 * （16. 21）	− 61. 78 （43. 72）	69. 25 （139. 9）	− 49. 77 （37. 68）
rate prospect	0. 0975 *** （0. 0362）	0. 0821 *** （0. 0251）	− 0. 0277 （0. 0770）	− 0. 0286 （0. 0420）

续表

变量	（1） haipo y	（2） hanipo y	（3） laipo y	（4） lanipo y
rate change	0.0667 (0.0526)	−0.0114 (0.0375)	−0.167 (0.146)	0.0775 (0.0766)
L/A	0.934 *** (0.305)	1.104 *** (0.329)	−1.463 (0.928)	0.781 (0.580)
sales/L with int	0.0108 (0.0220)	−0.0689 ** (0.0288)	−0.0162 (0.0100)	−0.0443 *** (0.0111)
ebitda/L with Int	−0.00122 (0.000960)	0.000382 (0.00125)	−0.000115 (0.000233)	−7.05e−06 (9.96e−06)
cash/total debt	−0.154 (0.185)	0.462 ** (0.223)	0.828 (0.627)	−0.341 (0.257)
cash/short loan	0.0491 (0.103)	−0.0647 (0.120)	−0.565 (0.516)	0.184 *** (0.0656)
int coverage	−0.000967 ** (0.000485)	2.62e−05 (2.32e−05)	−0.00149 *** (0.000378)	0.000123 *** (2.98e−05)
current ratio	−0.0253 (0.0648)	0.0576 (0.0412)	−0.0151 (0.282)	0.00808 (0.0171)
IF NI > 0	0.0461 (0.0671)	0.00221 (0.0374)	−0.126 (0.218)	0.293 *** (0.112)
IF gross profit > 0	0.0452 (0.0416)	0.0301 (0.0312)	0.0671 (0.110)	−0.0999 (0.109)
gross profit rate	−0.00542 (0.0394)	−0.0522 (0.0601)	2.120 *** (0.580)	−0.120 *** (0.0282)
roa	0.802 (0.652)	0.779 (0.740)	−4.695 * (2.401)	−0.733 (1.987)
roe	0.000247 (0.00335)	−0.00112 (0.00377)	−0.0691 (0.849)	0.00255 (0.0130)
revenue growth rate	−0.0551 ** (0.0246)	−0.00205 (0.0201)	−0.240 * (0.128)	−0.0366 *** (0.0129)

续表

变量	(1)	(2)	(3)	(4)
	haipo	hanipo	laipo	lanipo
	y	y	y	y
social total debt	3.31e−06 ***	4.13e−06 ***	3.53e−08	2.20e−06 ***
	(4.10e−07)	(3.74e−07)	(9.26e−07)	(6.52e−07)
Constant	0.417 *	0.752 ***	1.402 *	0.365
	(0.225)	(0.237)	(0.732)	(0.373)
观测值	1526	2647	283	1178
R−squared	0.172	0.167	0.258	0.202

注：Robust standard errors in parentheses *** $p < 0.01$, ** $p < 0.05$, * $p < 0.1$。

四、小结

本章设计了一种单一客户授信限额的多因子授信模型，通过将单一客户的授信限额创新地分解为企业还款能力与银行贷款意愿两部分，将客户按归属轻、重资产行业划分，并分别选取销售收入和净资产作为企业还款能力的关键指标，较为全面地考察了财务及非财务因素对银行授信意愿的影响。并使用2011—2015年发债企业的面板数据进行了固定效应的实证检验，探寻了银行授信的风险偏好。主要结论有企业的违约可能性对银行贷款意愿为负影响，但在控制违约可能性的情况下，企业的债务水平对其为正影响，企业的应急偿付能力对其为正影响；企业是否盈利对银行贷款意愿为正影响，但在控制了是否盈利的情况下，毛利率越高，银行贷款意愿越低；高成长性对银行贷款意愿为负影响；社会融资环境对银行贷款意愿为正影响；企业产权性质和上市情况对这种结论没有显著影响。

基于以上模型设计原理和实证分析结果，提出以下政策建议。

第一，从提升银行风险管理水平的角度来讲，应不断提升量化精准核定授信限额的水平，持续推动量化方法在客户准入、授信审批、额度核定等授信策略制定中的应用，让量化工具在帮助银行更快和更有效地判断企业偿债能力、了解银行自身风险偏好并确认客户可以获得的最高贷款额度方面发挥积极作用。

第二，从银行判断企业还款能力的角度来讲，应当划分轻、重资产行业，并分别关注负债收入比和资产负债比的财务指标。如果所有行业都关注同一个指标，则容易对企业的判断造成偏差。指标本身没有绝对值的好坏，每个细分行业的特征都不尽相同，应该多关注企业在行业中的相对位置，来对企业的还款能力进行定位。

第三，从银行的贷款投向来讲，银行应始终注重平衡贷款的收益性、安全性和流动性，秉承一个债权人应有的稳健作风和风险偏好，不能因为一时的高收益性就产生投放冲动，这可能会为银行带来很大的损失，对银行的贷款安全和流动性造成冲击。

第四，从监管的角度来讲，应当鼓励银行成立股权类的子公司，或者实施"投贷联动"专项额度，以支持高成长性的轻资产企业或者中小企业，这样既符合普惠金融，社会大众创业、万众创新的趋势，又能解决此类客户与银行风险偏好不一致，企业融资困难的问题。

第五章　行业组合管理视角下的信贷优化模型设计与分析[①]

银行的资产由一笔一笔的授信累积而来，涉及不同的客户、行业、地区、产品，仅是某一笔授信的收益高，并不能代表整体的资产组合优，调整信贷结构，从组合层面优化信贷投放成为商业银行风险管理越来越重要的一部分。2011年以来，中国 GDP 增速逐年下降，经济进入下行周期，面临产能过剩、资源错配等结构性问题，商业银行资产质量承压，不良频发。在此背景下，中国的商业银行如何能够从被动调控向主动管理转变，根据国家政策和自身发展的战略作出合理的信贷资产布局，是有效化解风险，稳健经营及创造价值的基础和保障。例如煤炭行业在煤价大涨的时候，利润整体向好，2002—2012 年出现了煤炭的黄金十年，如果资金大幅投向煤炭行业，虽然资金收益会增加，但是火电行业以煤炭为主要原料，在电价控制不变的情况下，煤价上涨会导致火电行业利润承压，因此煤炭加火电行业的整体收益并不会提升（见图 5.1）。因此，由单一客户为对象的微观考虑上升到中观的行业信贷配置，需要从组合的层面来进行限额测算，分析如何进行信贷资源的配置，才能在风险一定的情况下，达到整体资产的最优值。

20 世纪 90 年代起，信贷组合管理开始在国际银行业中发展起来，经历了从单一到组合，从定性到定量，从被动到积极主动管理的演变。不论在模型搭建上，还是管理模式上，国际先进银行都远远走在国内同业的前列。在巴塞尔协议的指引下，国际银行业基于先进的风险度量系统与长期积淀的数据，通过内部建立或外部购买的方式拥有了 CreditMetrics （Gupton et al. , 1997）、CreditRisk + （Credit Suisse, 1997）、ASRF （Gordy, 2003）等一系列高级模型来支持组合管理。这些模型将 PD、LGD、EAD 等一系列

[①]　本章部分内容于 2021 年发表于《金融论坛》第 3 期，详见任秋潇和王一鸣（2021）。

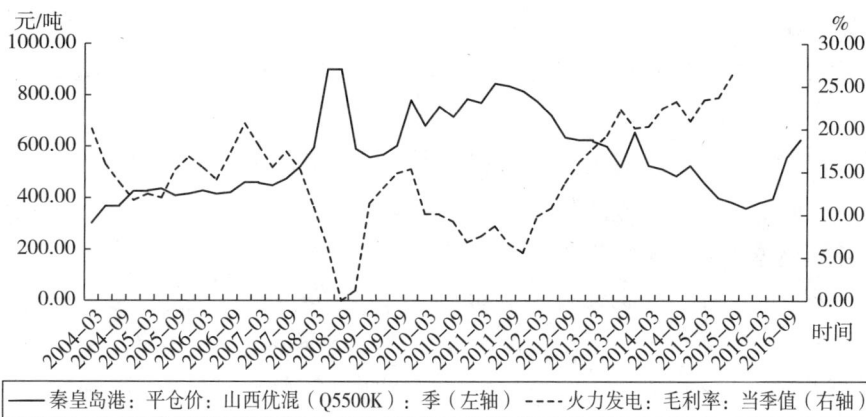

图 5.1　煤价与火电企业利润率对比

（资料来源：Wind 数据库及作者整理）

风险计量及投资组合管理的思想结合在一起，形成了信贷组合管理的一整套系统。根据国际信贷资产组合管理协会（IACPM）和麦肯锡（2015）对全球 39 家大型商业银行的调查，2008 年国际金融危机后，组合管理在银行内扮演了更加重要的角色。组合管理模式也从传统的静态分析发展成主动的积极管理。传统的管理模式以贷款限额分析方式为主，以业务拓展为驱动力，以贷款并持有为策略，风险管理以抵质押担保等第二还款来源为主，通过降低贷款价格来吸引客户。主动积极的组合管理则是通过买入、卖出、持有和对冲战略，降低单一客户集中度，调整经济资本，满足银行多样化的信贷投放需求，实现风险和收益的最优化。

中国银行业还处在组合管理的初级阶段。在模型上，由于对 PD、LGD、EAD 等关键指标缺少精准计量，加上高质量历史数据相对不足和信息管理系统支持相对较弱，中国的商业银行在短时间内还难以直接搭建或外购国际上的高级模型，多采用专家经验决策或搭建简单模型制定行业限额，对资产相关性及资本的约束考虑不足，对信贷配置缺少准确的量化支持。在管理模式上，虽然制定了行业及产品指引，但仍以定性描述及静态分析为主，缺乏贷款从决策到退出全流程的积极动态调整。如何基于中国商业银行信贷资产管理的现状，以行业维度为突破口，更好地分配信贷资源，实现商业银行信贷资产收益、风险和资本间的平衡和优化，缩小与国际先进同业的差距，是建设新时代全球一流银行亟待解决的问题。本章在国内外学者关于信贷组合管理研究的基础上，结合中国商业银行管理的实践，设计了以组合 RAROC 值为目标的两个信贷组合优化模型。设计的第一个基准优化模型——基于最优增长率的均值方差类模型，考虑了模型收益、风险和资本间的平衡，加入风险相关性、风险容忍度、经济资本的约束，降低组合的整体风险，增加收益，提高资本的使用效率。在第一个模型的基础上，本章又设计了专家判断的主动配置模型，考虑了专家的经验，弥补了现有模型以被动接受为主，积极配置不足和缺少集中度约束的不足，为银行在不同宏观经济形势、产业政策、风险偏好下主动配置信贷资源提供了依据。在建立理论模型的基础上，本章又实证分析了运用上述信贷组合优化模型的结果，证实了这一研究设计符合中国商业银行管理的实际，能够满足优化信贷配置的需求，具有良好的应用价值。

第一，从简单加总到考虑风险相关性，并综合考虑风险和资本效率的约束。组合层面的限额不再是自下而上的简单加总，而是考虑了银行授信对象不同行业之间风险的相关性。通过同时设置风险和资本效率的约束，鼓励银行在叙做业务时将资本管理、风险安排和业务经营有机结合，提升整体资本回报水平。第二，从"被动接受"到"主动管理"。即使是改进模型也有较严格的假设，可能在不同的经济周期、政策导向、银行偏好下有不同结果，因此，本章创新性地加入了不同授信策略的偏好约束，有利于银行的信贷资产配置在一定风险容忍度下，达到更优的收益水平。第三，从"拍脑袋"决策到科学决策。在实际的信贷配置中，究竟给某个行业多少限额，往往只能靠经验和感觉确定。专家判断模型的建立，为限额的调整提供了量化依据，可以看出调整后的组合风险收益情况，并且本章为专家判断加入了集中度的约束，从而有效防止风险过度集中。第四，本章以中国商业银行的数据对模型进行了检验，验证了模型的有效性。

一、优化模型的建模思路与研究设计

（一）优化模型需解决的问题

从最早的谚语"不要将所有鸡蛋放在同一个篮子"开始，组合管理的思想可谓源远流长。信贷组合管理相关文献可以分为两大类。

第一大类文献是经典投资组合理论，这一部分是信贷组合管理的理论基础。由于不同资产的收益率之间存在相关性，投资每一个资产成功不代表一篮子资产整体的情况最优，现代投资组合理论根据发展路径主要包含均值方差分析法的有效前沿理论（Markowits，1952）、单因子理论（Sharpe，1964）、多因子理论（Fama and French，1995）等。这些方法模型假设较为严格，要求资产的收益率是正态分布的，但信贷资产却相对特殊，收益和损失具有不对称（费菊花，2012），是有偏的厚尾分布，而且当模型中有较多资产时，相关性矩阵会比较庞大，计算起来会相对复杂和麻烦。单因子模型（Sharpe，1964）、多因子模型（Fama and French，1995）都是为了简化协方差矩阵计算而出现的，认为存在一个或多个影响所有资产收益率波动的共同指数，但是由于信贷资产异质性较强，且缺少资产自由流动的公开市场，很难刻画收益率波动的共同指数，较难直接应用经典的单因子及多因子模型。

第二大类文献是经典投资组合理论在信贷资产配置中的应用。信贷组合管理的优化方法本质上是投资组合理论应用于信用风险领域所衍生出的变形，包括风险控制条件下收益最大化（Uryasev et al.，2010；张棋，2013；迟国泰和丁士杰，2018；Kang and Poshakwale，2019）、收益约束条件下的风险最小化（Iscoe et al.，2012；文忠平，2012）、将收益和风险融合在一起的最大化信贷组合效用函数（Nielsen，2016）及基因算法模型（Metawa et al.，2017）等方法。学者们对经典投资组合理论作出改进，如针对信贷收益率是非对称分布的，而经典投资组合理论假设资产收益率服从正态分布，不少学者采用 RAROC（风险调整后资本收益率）作为传统收益率的替代（Buch et al.，2011；Kang and Poshakwale，2019；聂广礼等，2017；姜增明等，2019），既克服信贷收益不对称性的弱点，又兼顾信用风险对信贷投放的影响。在现有的文献中，胡威（2011）、徐劲（2013）、聂广礼等（2017）和姜增明等（2019）都提到了一种国内商业银行采用的最优增长率模型，通过最大化贷款组合的 RA-ROC 来实现组合优化管理的目标，这种方式以最优增长率为操作目标，简单可行，并将最优增长率设计成非线性生产函数的形式，更准确地体现了对高收益行业增长速度的控制与对低收益行业增长速度的鼓励。这种方法的局限在于：一是现有文献的最优增长率模型较少考虑行业之间的相关性问题，未能通过组合管理达到分散风险的目的；二是未能同时加入经济资本和风险的约束，无法既体现管理层的风险偏好，又达到提升资本使用效率的效果；三是模型只是简单被动地优化输出结果，缺乏主动管理，无法满足根据监管要求、政策要求、实际业务营销情况对某一行业的实际增长率作出调整的需求；四是文献大多仅有模型展示，缺少实际数据的验证，难以说明模型的有效性。除以上方法外，国际先进银行还采取 CreditMetrics、CreditRisk＋、ASRF 等高级模型进行组合管理，但模型复杂，对风险计量要求很高，需要有长期高质量的历史数据及信息管理系统支持，因此在国内短时间内较难实现。

本书在现有研究的基础上，尽量趋利避害，设计了第一个基准优化模型，基于最优增长率的均值方差模型，解决了现有研究对风险相关性，风险、资本约束考虑不足的问题，既简便可操作，又实现了收益、风险和资本效率间的平衡。在第一个模型的基础上，本书又设计了第二个专家判断优化模型，基于基准组合的主动配置模型，解决了现有模型以被动接受为主，积极配置不足和缺少集中度约束的问题，为专家进行科学决策提供量化支持。

（二）优化模型一：基准模型——基于最优增长率的均值方差模型

1. 模型构建

根据 IACPM（2017）对全球 44 家大型银行的调查，RAROC（风险调整后的资本收益率）是组合管理最重要的衡量标准，国际上 40% 以上的银行使用 RAROC（风险调整后的资本收益率）作为业绩考核的指标。以 RAROC 为操作目标来实施信贷组合优化管理，能够更好地体现单一贷款与贷款组合风险管理的一致性。

本书在姜增明等（2019）和聂广礼等（2017）的研究基础上，以

RAROC 为目标，综合考虑了风险相关性、风险容忍度、资本约束等因素，设计了两个信贷组合优化模型：基于最优增长率的均值方差基准模型和专家判断优化模型。

目标函数：$\max \sum_i \dfrac{1+g_i}{1+G} \theta_i \times E[RAROC_i]$　　　　　　(5.1)

约束条件 1（一致性约束）：$\sum_i g_i \theta_i = G$　　　　　　(5.2)

约束条件 2（方差约束）：$\omega_i = \dfrac{1+g_i}{1+G}\theta_i$，$\sum_i \omega_i = 1$，$\sum_i \sum_j \omega_i \omega_j \sigma_{ij} \leq \sigma_0^2$

(5.3)

约束条件 3（资本效率约束）：$EF_i = \dfrac{EC_i}{CL_i}$，$EF = \dfrac{EC}{CL}$，$\sum_i CL_i \times (1+$

$g_i) \times EF_i \leq CL \times (1+G) \times EF$　　　　　　(5.4)

其中，

σ_{ij} —— $RAROC_i$ 与 $RAROC_j$ 之间的协方差，$\dfrac{\sigma_{ij}}{\sigma_i \sigma_j}$ 代表不同行业间 RA-ROC 的相关性；

σ_0^2 ——预先确定的方差的最大值，代表管理层对银行的风险偏好和风险容忍度；

g_i —— i 行业的贷款增长率，即求解的"最优增长率"，$g_i = A \left(\dfrac{RAROC_i - RAROC_{min}}{RAROC_{max} - RAROC_{min}} \right)^\alpha + \beta$；

$\dfrac{RAROC_i - RAROC_{min}}{RAROC_{max} - RAROC_{min}}$ —— i 行业的 RAROC 在所有行业中的相对位置，即"行业相对 RAROC"，根据"RAROC 高的行业贷款增速高，RAROC 小的行业贷款增速低"的原则，i 行业增长率是其"行业相对 RAROC"的函数。

θ_i —— i 行业上年末的贷款余额占比；

$E[RAROC_i]$ —— i 行业 RAROC 的预测值，用上年末的风险调整后的资本回报率替代；

G ——银行公司贷款目标增长率；

CL_i ——i 行业上年末的信用风险限额；

CL ——全行上年末信用风险限额总额，$CL = \sum_i CL_i$；

EC_i ——i 行业上年末的经济资本；

EC ——上年末银行经济资本总额，$EC = \sum_i EC_i$。

每种约束条件体现了对不同风险的把控：

对于约束条件 1，根据 $\sum_i g_i \theta_i = G \Leftrightarrow \sum_i CL \times \theta_i \times (1 + g_i) = CL \times (1 + G)$，可知约束条件 1 的含义是新的一年所有行业的信用限额的总额等于 $CL \times (1 + G)$。

对于约束条件 2，行业信贷组合的 RAROC 的方差小于给定的方差上限 σ_0^2。其中，$\sum_i \omega_i = 1$ 等价于约束条件 1。

对于约束条件 3，$\dfrac{EC_i}{CL_i}$ 度量 i 行业的资本利用效率，即单位信用限额所需配备的经济资本；$\dfrac{EC_i}{CL_i}$ 越小，资本利用效率越高。约束条件 3 等价于 $\sum_i \omega_i \dfrac{EC_i}{CL_i} \leq \dfrac{EC}{CL}$。其含义是在假设当年与上年，在各个行业资本效率不变的条件下，要求当年组合所有行业的经济效率的加权求和（组合资本效率 $\sum_i \omega_i \dfrac{EC_i}{CL_i}$）小于银行的资本效率（若 $\omega_i = \theta_i, i = 1, \cdots, n$，则约束条件 3 中等号成立）。

利用行业 RAROC 的历史数据估计不同行业 RAROC 之间的相关系数矩阵，再通过求解不同约束条件下的非线性优化问题，我们可以得到各个行业贷款组合的最优分配比例。结合商业银行整体的信贷限额和行业贷款最优分配比例，可以得到行业信用风险限额。

RAROC 的计算方法如下。

$$RAROC_i = \frac{i \text{行业的风险调整后收益}}{i \text{行业占用的资本}} \qquad (5.5)$$

其中，风险调整后的收益的计算思路可以参考图 5.2。

经济资本 EC，即 VAR 值减预期损失。在没有经济资本数据的情况

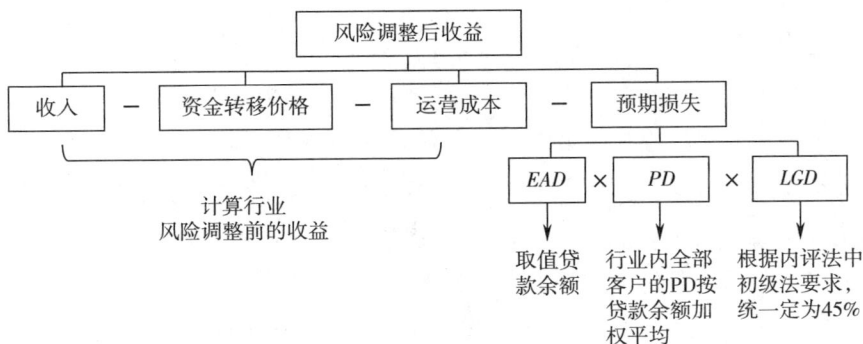

图 5.2　风险调整后收益的计算

下，可以用监管资本替代，大类行业监管资本 = 行业 $RWA \times 11.5\%$，子类行业监管资本 = 行业 RWA（行业 K 值 × 行业 $EAD \times 12.5$）× 11.5%。行业 K 值为行业 PD、LGD、M 的函数。

$$\text{信用风险暴露的相关性}(\rho) = 0.12 \times \frac{1 - e^{-50 \times PD}}{1 - e^{-50}}$$

$$+ 0.24 \times \left(1 - \frac{1 - e^{-50 \times PD}}{1 - e^{-50}} \right) \quad (5.6)$$

$$\text{期限调整因子}(b) = \left[0.11852 - 0.05478 \times \ln(PD) \right]^2 \quad (5.7)$$

$$\text{信用风险暴露的资本乘数}(K) = \left[LGD \times \Phi\left(\frac{\Phi^{-1}(PD)}{\sqrt{1 - \rho}} \right. \right.$$

$$\left. \left. + \sqrt{\frac{\rho}{1 - \rho}} \Phi^{-1}(0.999) \right) - LGD \times PD \right]$$

$$\times \frac{1 + (M - 2.5) \times b}{1 - 1.5 \times b} \quad (5.8)$$

其中，M 是贷款的有效期限。

2. 模型求解

（1）KKT 条件。上述模型的求解是带约束条件的非线性优化问题。约束条件 1 是等式约束条件，约束条件 2 与约束条件 3 是不等式约束条件。因为最大化目标函数的问题可以很容易地转化为一个等价的最小化问题，所以典型的最优化问题可以一般化为以下的形式。

目标函数：$\min_{x} f(x)$

约束条件：$h_i(x) = 0, i = 1, \cdots, p$，$g_j(x) \leq 0, s = 1, \cdots, q$

其中，$f(x)$ 为目标函数，$h_i(x) = 0, i = 1, \cdots, p$ 为等式约束条件，$g_j(x) \leq 0, s = 1, \cdots, q$ 为不等式约束条件。最优化问题可以根据目标函数和约束条件的类型进行分类。如果目标函数为变量的二次函数，约束条件为变量的线性函数，则称该最优化问题为二次规划。本章考虑的最优化问题的目标函数和约束条件为变量的非线性函数，称为非线性规划。

KKT 条件为上述非线性规划问题提供了最优化解的存在性的一个充要条件。一般地，KKT 条件可以表述成以下的形式，即上式的最优解 $\hat{x}$ 必须满足下面的条件：

（a）$\nabla f(\hat{x}) + \sum_{i=1}^{p} \lambda_i \nabla h_i(\hat{x}) + \sum_{j=1}^{q} \mu_j \nabla g_j(\hat{x}) = 0$，其中 ∇f 表示函数 f 的梯度。

（b）（a）中的参数满足 $\lambda_i \neq 0, i = 1, 2, \cdots, p$ 且 $\mu_j \geq 0, \mu_j g_j(\hat{x}) = 0$，$j = 1, 2, \cdots, q$。

（c）满足约束条件 $h_i(x) = 0, i = 1, \cdots, p$ 和 $g_j(x) \leq 0, s = 1, \cdots, q$。

KKT 条件第一项表明在最优点 $\hat{x}$，$\nabla f(\hat{x})$ 必须是 $\nabla h_i(\hat{x}), i = 1, 2, \cdots, p$ 和 $\nabla g_j(\hat{x}), j = 1, 2, \cdots, q$ 的线性组合。λ_i 和 μ_j 都称作拉格朗日乘子。其中，不等式约束条件具有方向性，每一个 μ_j 都必须大于或等于零，而等式约束条件没有方向性，因此 λ_i 没有符号的限制。KKT 条件第三项表明最优解 $\hat{x}^*$ 需满足所有等式及不等式约束条件，也就是说最优解必须是一个可行解。

KKT 条件是拉格朗日乘子法的一般化形式，它提供了非线性规划问题解的存在性的充分必要条件，但是因为不等式约束的存在，我们并不能直接利用 KKT 条件将最优点求解出来。事实上，非线性规划问题通常会涉及局部最优解和全局最优解的问题。我们通常利用最优化数值算法求解依赖于初始点的最优点。

（2）数值算法——内点法。因为不等式约束增加了非线性规划的难度，所以在很多情况下，不等式约束条件可以通过引入新的变量（惩罚系数）将不等式条件的左边视作惩罚项，从而将不等式约束问题转化为等式约束问题，因此最优化问题的一般形式可以简化为仅仅包含等式约束条件的形式。本章采用的内点法就是利用了类似的思想。

对于任意 $\varphi > 0$，上述包含不等式约束的非线性规划问题可以近似地转化为如下的等式约束的非线性规划问题：

目标函数：$\min\limits_{(x,s)} f_\varphi(x) = \min\limits_{x} f_\varphi(x) - \varphi \sum_j \log(s_j)$

约束条件：$h_i(x) = 0, i = 1, \cdots, p, g_j(x) + s_j = 0, s = 1, \cdots, q$

其中，s_j 称为松弛变量，其值限定为正，使 $\log(s_j)$ 有界；$\varphi \sum_j \log(s_j)$ 称为障碍函数。当 φ 趋向于零时，f_φ 的最小点应该趋向于 f 的最小点。

对于等式约束的非线性规划问题，将 KKT 条件转化为拉格朗日乘子法，本章利用牛顿法求解如下拉格朗日乘子法列出的方程，从而求得最优点 $(\hat{x}, \hat{s})$。

$$\nabla f_\varphi(\hat{x}) + \sum_{i=1}^{p} \lambda_i \nabla h_i(\hat{x}) + \sum_{j=1}^{q} \mu_j \nabla[g_j(\hat{x}) + s] = 0, \lambda_i \neq 0, \mu_j \neq 0$$
$$h_i(x) = 0, i = 1, \cdots, p$$
$$g_j(x) + s_j = 0, s = 1, \cdots, q$$

3. 模型的创新点

第一，同时引入 RAROC、σ_{ij}、EF，综合考虑了收益、风险和资本间的平衡。鼓励银行在叙做业务时将资本管理、风险安排和业务经营有机结合，提升整体资本回报水平。

第二，考虑了不同行业间风险的相关性，真正意义上实现了组合管理。通过在不同行业间的信贷配置，降低了组合的整体风险。

第三，加入了风险的约束，传导了银行管理层的风险偏好及风险容忍度。不仅要求银行资产的 RAROC 最高，还要考虑风险的约束，保证在一定的资产质量水平之下，获取最大的收益。

第四，加入了资本效率的约束，鼓励资本效率高的行业下一年多贷款，资本效率低的行业下一年少贷款。传导银行管理层的经济资本计划，考虑在一定资本的约束下，通过资本资产配置在组合层面对资本耗用高，风险高，盈利差的业务进行调整，优化组合收益，节约资本，提高资本的使用效率。

（三）优化模型二：专家判断模型——基于基准组合的主动配置模型

1. 模型构建

在基准模型的基础上，根据经济周期、产业政策、银行战略考虑、实际的业务营销能力，通过专家判断的形式，对基准模型进行人工调整，力图根据实际情况作出主动管理和进一步的优化，从而对信贷资产进行新的更优的配置。假设 b 作为基准组合，主动型信贷配置组合 x 与基准组合 b 之间的跟踪误差就是专家判断组合 RAROC 与基准组合 RAROC 之间的差值，投资者的目标是在跟踪误差波动率的约束下，最大化跟踪误差的期望值，构建如下的优化模型。

目标函数：$\max_{\omega} E[e]$ (5.9)

约束条件 1（超额波动约束）：$\omega'\iota = 1, 0 \leq \omega_i \leq 1, i = 1, \cdots, n, \sigma(e) \leq \sigma^*$ (5.10)

约束条件 2（增速约束）：$a_i \leq \omega_i \leq b_i, i = 1, \cdots, n$ (5.11)

约束条件 3（集中度约束）：$HHI = \sum_i \omega_i^2 \leq HHI^*, 0 \leq \omega_i \leq 1, i = 1, \cdots, n$ (5.12)

其中，超额 RAROC 即 e 为

$$e \triangleq \sum_i \omega_i RAROC_i - \sum_i b_i RAROC_i = (\omega - b)' RAROC \quad (5.13)$$

超额 RAROC 的期望 $E[e]$ 为

$$E[e] = E[\sum_i \omega_i RAROC_i - \sum_i b_i RAROC_i] = (\omega - b)' E[RAROC]$$

(5.14)

超额 RAROC 的波动率为 $\sigma(e) = \sqrt{(\omega - b)' \sum (\omega - b)}$。其中，$\sum$ 是 RAROC 的协方差矩阵。

$a_i \leq \omega_i \leq b_i, i = 1, \cdots, n$ 体现了对各个行业未来盈利预期的专家判断，同时也蕴含了对行业集中度风险的控制。令钢铁、煤炭、铁矿石、造船等严重产能过剩的行业和高度管控的房地产行业为退出类，增速小于等于 0（$Lb < g \leqslant 0$）；增长类大于或等于全行整体增长率（$g \geqslant G$）；而维持类增速大于零，但是低于全行业的整体增速（$0 < g < G$）。实际上，从退出类行业大规模抽贷的难度与风险都很大，因此我们在专家调整模型中设定退出类行业的信贷增长率的下限为 Lb。

表5.1　不同类型行业增速

行业分类	信贷增速 g	信贷占比 ω
退出类	$Lb < g \leqslant 0$	$\dfrac{(1 + Lb) \times \theta}{1 + G} < \omega < \dfrac{\theta}{1 + G}$
维持类	$0 < g < G$	$\dfrac{\theta}{1 + G} < \omega < \theta$
增长类	$g \geqslant G$	$\omega \geqslant \theta$

为控制行业集中度风险，我们主要通过设定约束条件 3，HHI 指数 $\leqslant HHI^*$，来保证将资产较为分散地投资于各个行业，避免由于行业信贷集中度过高而导致银行遭受极端损失的情形。

2. 模型求解

专家调整模型也可以类似地利用 KKT 条件和内点法来求解。关于 KKT 条件和内点法的介绍请参阅基准模型的模型求解部分。

3. 模型创新点

第一，从"被动接受"到"主动管理"。不再是对模型输出值的被动接受，因为即使是优化模型也有较严格的假设，可能在不同的经济周期、政策导向、银行偏好下有不同结果。加入专家判断的主动调整，有利于银行的信贷资产配置在一定风险容忍度下，达到超过预期的收益水平。

第二，为科学决策提供模型依据。在实际的信贷配置中，究竟给某个行业多少限额，常常出现"拍脑袋"决策的情况，业务部门和审批部门也会出现非常激烈的争论，业务部门希望更高的额度，而组合管理部门则从控制风险，从全行一盘棋的角度出发，坚持模型输出值，在确实需要根据实际情况调整的时候，由于没有模型依据，往往只能靠"经验"

确定一个数。专家判断模型的建立，为限额的调整提供了量化依据，不同的调整都可以看出对组合整体的风险和收益的影响，为决策和谈判提供了有力支撑。

第三，加入集中度约束。《中国银监会关于进一步加强信用风险管理的通知》（银监发〔2016〕42号）强调，要完善集中度风险的管理框架。银行业金融机构应建立涵盖客户、行业、地区、货币、抵质押品、市场、国家/区域等各类风险源，覆盖信贷、投资、衍生品交易、承兑、担保等全部表内外风险暴露，充分体现穿透性原则的集中度风险管理框架。建立满足穿透管理需要的集中度风险管理信息系统，多维度识别、监测、分析、管理集中度风险，并设定相应的限额。现有文献：在限额中设置集中度量化约束的文章较少，或仅设置一个占比的上限约束。本书在设置比例约束之外，还采用了HHI指标，从整体上控制集中度风险。

二、数据选取及描述性统计

（一）数据来源与样本选择

本章以国内商业银行2011—2016年的信贷数据为基础①，选取其中有代表性的25个行业②，使用MATLAB软件进行优化求解。信贷产品包括银行的表内贷款、表内贸易融资、商业票据贴现和银行承兑票据贴现。根据国家统计局2011年出版的《国民经济行业分类》（GB/T 4754—2011），行业可划分为门类（20个）、大类（96个）、中类（432个）和小类（1094个）。但在实际经营管理时，商业银行可能会对不同的大类进行组合，设计出符合本行特色的行业标准。

---

① 为了数据的保密性，本章对所有基础数据进行了线性变化和随机扭曲处理，并以处理后的数据作为样本集。

② 这里的行业分类以国家统计局2011年出版的《国民经济行业分类》（GB/T 4754—2011）为依据，根据银行的实践，剔除占比过小及受国家政策和营销能力所限影响波动过大的一些异常值后，选取其中25个子行业作为分析对象，这25个行业的授信规模占总规模的70%以上，具有代表性。

表5.2 国民经济行业分类 GB/T 4754—2011

	门类	大类	中类	小类
A	农、林、牧、渔业	5	23	60
B	采矿业	7	19	37
C	制造业	31	175	532
D	电力、热力、燃气及水生产和供应业	3	7	12
E	建筑业	4	14	21
F	批发和零售业	2	18	113
G	交通运输、仓储和邮政业	8	20	40
H	住宿和餐饮业	2	7	12
I	信息传输、软件和信息技术服务业	3	12	17
J	金融业	4	21	29
K	房地产业	1	5	5
L	租赁和商务服务业	2	11	39
M	科学研究和技术服务业	3	17	31
N	水利、环境和公共设施管理业	3	12	21
O	居民服务、修理和其他服务业	3	15	23
P	教育	1	6	17
Q	卫生和社会工作	2	10	23
R	文化、体育和娱乐业	5	25	36
S	公共管理、社会保障和社会组织	6	14	25
T	国际组织	1	1	1
合计：20		96	432	1094

资料来源：《国民经济行业分类》及作者整理。

为了计算的便捷性与更具可分析性，选取了有代表性的25个子行业作为分析的样本，这些行业余额占全行对公境内余额的70%以上，可以较为全面地反映信贷资产配置的情况。

（二）描述性统计

25个数据经处理后的行业相关描述性统计信息请见表5.3。表5.3和表5.5展示了25个行业主要变量的描述性统计。其中，授信余额前三的

行业为 T（15.01%）、U（13.76%）和 P（9.68%），授信余额最后三位
的行业为 K（0.27%）、Y（0.33%）和 X（0.57%）。本年实际增速最快
的行业为 Q（29.9%）、Y（24.7%）、I（23.3%），增速最慢的行业为
K（-16.3%）、D（-11.2%）、M（-4.9%）。RAROC 最高的行业是
U（22.25%）、X（21.68%）、W（20.68%）；RAROC 最低的行业是 T
（-4.10%）、H（-2.39%）、L（7.38%）。经济资本使用效率最高的行
业是 X（6.9%）、W（7.4%）、Q（8.0%），经济资本使用效率最低的行
业是 K（21.5%）、V（16.7%）、D（14.2%）。可以看出，并不是资本
效率越高、RAROC 越高的行业的信贷增速就越快、占比越大，因此存在
优化的空间。

表 5.3　主要变量描述性统计

变量	样本数	平均值	标准差	最小值	最大值
授信余额	25	15.45	14.80	1.04	57.96
余额占比	25	0.04	0.04	0.00	0.15
授信增速	25	0.08	0.11	-0.16	0.30
RAROC	25	0.12	0.06	-0.04	0.22
RAROC 标准差	25	0.07	0.05	0.02	0.23
经济资本	25	1.71	1.70	0.13	7.08
经济资本占比	25	0.04	0.04	0.00	0.17
资本效率	25	0.11	0.03	0.07	0.21

注：此处的 RAROC 标准差的描述性统计是每一个行业的情况，整个组合不同行业 RAROC
的标准差为 8.99%，方差为 0.81%。

表 5.4　样本行业授信余额、收益及资本情况

行业	授信占比	授信增速	RAROC	资本效率
A	0.90%	20.53%	10.84%	8.55%
B	4.05%	5.67%	12.37%	9.98%
C	0.75%	7.92%	10.74%	11.88%
D	3.84%	-11.17%	10.88%	14.20%
E	2.71%	5.75%	11.58%	12.17%
F	1.83%	13.31%	13.30%	8.58%
G	5.27%	10.57%	13.00%	11.48%

行业	授信占比	授信增速	RAROC	资本效率
H	3.60%	6.45%	-2.39%	13.33%
I	1.68%	23.29%	12.02%	11.73%
J	1.30%	-1.63%	8.11%	11.17%
K	0.27%	-16.27%	7.68%	21.47%
L	3.53%	15.45%	7.38%	9.22%
M	3.73%	-4.93%	17.00%	8.84%
N	2.48%	1.79%	15.63%	9.27%
O	4.70%	17.87%	10.36%	13.64%
P	9.68%	8.18%	14.97%	10.83%
Q	4.34%	29.94%	10.55%	8.02%
R	2.93%	9.77%	11.96%	11.03%
S	0.70%	-3.04%	19.76%	10.17%
T	15.01%	4.76%	-4.10%	12.21%
U	13.76%	13.96%	22.25%	9.36%
V	6.27%	17.73%	17.52%	16.66%
W	5.76%	2.59%	20.68%	7.44%
X	0.57%	8.48%	21.68%	6.93%
Y	0.33%	24.73%	12.08%	10.06%
合计/平均	100%	8.47%	12.23%	11.13%

注：此处为 25 个行业 t 年增速的算术平均值，25 个行业 t 年总的增速为 8.51%。

　　根据历年的 RAROC 数据计算行业间的相关性，可得到如图 5.3 的相关性系数热点图。根据图形可以看出，行业间的相关性很强，其中相关性为负的行业有 91 对，占比 30%，如果按照银行常用的做法，不解决相关性的问题，就可能发生资源错配的情况，造成整体组合的风险偏高。例如教育、IT 这种轻资产、抗周期的朝阳行业与石油、有色、铁矿石这种重资产、周期性强的夕阳行业呈非常强的负相关性，达到 -50% 以上，如果均衡进行配置，就可以在大宗商品价格大幅下跌时很好地抵抗住经济周期下行导致的整体风险。而煤炭、铁矿石、钢铁、有色等大宗商品自身的相关性很高，如果能够准确判断周期处于上行期，一定程度上加大投入，则会使得收益更高。

	A	B	C	D	E	F	G	H	I	J	K	L	M	N	O	P	Q	R	S	T	U	V	W	X	Y
A	1																								
B	0.891802	1																							
C	0.867647	0.792148	1																						
D	0.897495	0.791828	0.986765	1																					
E	0.931835	0.799679	0.967024	0.974333	1																				
F	0.33807	0.517393	0.319087	0.352999	0.385327	1																			
G	0.748446	0.870969	0.45985	0.456101	0.541707	0.41798	1																		
H	0.6675	0.833583	0.503055	0.568975	0.518607	0.678813	0.703255	1																	
I	0.912286	0.877255	0.825973	0.872417	0.899886	0.679983	0.685298	0.790829	1																
J	0.976806	0.904602	0.877246	0.916589	0.940683	0.515841	0.71748	0.7501	0.977615	1															
K	0.050041	0.34607	0.349254	0.241391	0.247417	0.555947	0.18594	0.164575	0.243595	0.153135	1														
L	0.558815	0.397893	0.273314	0.29013	0.319822	-0.48756	0.524245	0.160837	0.191395	0.376181	-0.51862	1													
M	0.451698	0.198754	0.323842	0.314211	0.331791	-0.68033	0.235355	-0.13017	0.053665	0.258214	-0.50684	0.920305	1												
N	0.415209	-0.01461	0.462941	0.484545	0.540407	-0.31112	-0.14765	-0.30502	0.242288	0.337397	-0.34347	0.349218	0.599945	1											
O	0.678806	0.655972	0.254746	0.289534	0.396005	0.1409	0.89614	0.534006	0.523361	0.595	-0.25102	0.73976	0.462258	0.035194	1										
P	0.103081	-0.09187	-0.16055	-0.12967	-0.78139	0.147409	-0.2372	-0.2771	-0.06699	-0.74064	-0.06022	0.298467	0.281603	0.477368	0.492446	1									
Q	0.301281	0.145532	0.097008	0.11948	0.215971	0.026675	-0.07195	0.120042					0.281603	0.477368	0.492446	-0.16432	1								
R	0.571193	0.659915	0.665818	0.572912	0.522033	0.867423	0.723729	0.676637	0.543504		-0.07011	0.920334	0.896741	0.184426	0.513313	-0.95596	0.916181	1							
S	-0.67586	-0.79828	-0.81226	-0.67617	-0.4141	-0.83559	-0.83247	-0.78749				0.068383	0.716583	-0.29848	-0.21136	-0.81269	0.171647	0.866303	1						
T	0.728	0.915591	0.596505	0.676346	0.827701	0.974688	0.820512	0.79173			0.272272	0.919694	0.92494	0.625134	0.597948	0.873133	0.464993	0.276637	-0.05771	1					
U	0.087653	-0.62554	-0.24271	-0.63291	0.247364	-0.0617	-0.23388	0.093383			-0.73087	0.860547	0.933084	-0.14564	0.605979	0.597355	0.460367	0.252304	-0.0374	0.834187	1				
V	0.449301	0.169254	0.209859	0.260934	0.275134	-0.28156	0.097682	-0.08022			-0.08002	0.639151	0.626783	0.023395	0.91334	0.919924	0.357001	-0.28667	0.460367	0.846088	0.846088	1			
W	0.129377	-0.08045	-0.0408	-0.02859	0.065252	-0.60751	-0.08022	-0.44473	-0.4616		-0.73087	0.639151	0.626783	0.285465	0.744248	0.961046	0.357001	-0.41484	0.748656	0.891848	0.87985	0.655147	1		
X	-0.2751	-0.36324	-0.52432	-0.49373	-0.03658	-0.44473						0.626783	0.91334		-0.6529	-0.41484	-0.6529						0.857318	1	
Y	0.350781	0.167018	0.046533	0.077053	0.373486	0.045758	-0.00309	0.169546	0.291479	0.687729	0.955254	-0.72339	0.862967	0.954231	0.93651	-0.27208	0.275424	0.93661	0.068978	0.955254	0.954659	0.939822	0.955254	0.889683	1

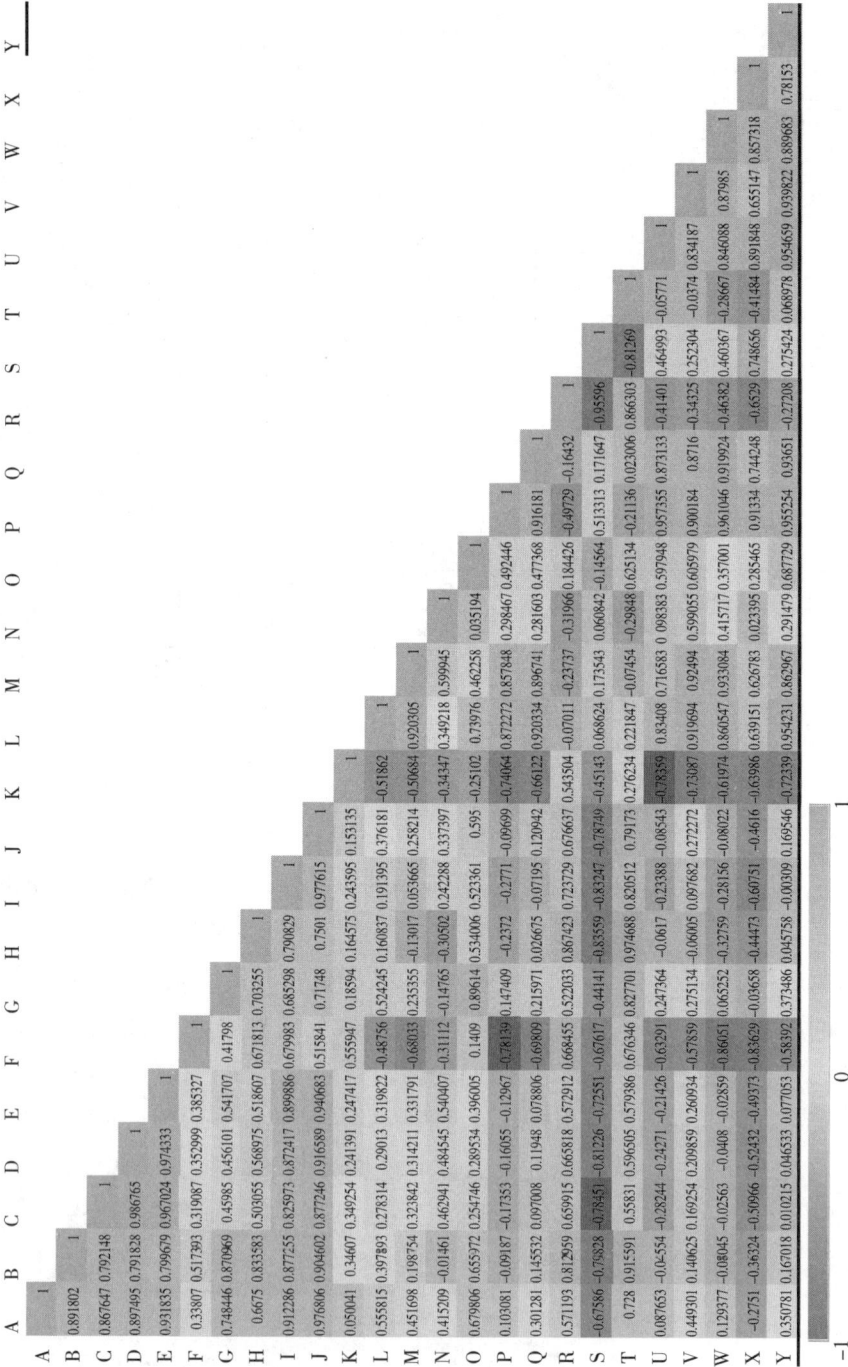

图5-3 行业RAROC相关性热图

三、模型验证及行业信贷组合优化过程

（一）基准模型的优化过程

一般银行年初会制订预算方案，可以根据贷款预算方案和董事会及战略委员会制订的风险、收益、贷款规模及资本方案，制定基准模型的约束条件。本书假定下一年为第 $t+1$ 年，由于处于经济下行周期，GDP 增速逐年下降，因此假设全行贷款增速略低于第 t 年 8.51% 的增速水平，$G = 6.51\%$，风险偏好在经济下行期需要更为谨慎，因此假设风险值要略低于第 t 年 0.18% 的方差，$\sigma_0^2 = 0.17\%$，经济资本的约束值 $CL(1+G) \times EF = 45.54$，最大行业增速与最小行业增速之差按 t 年维持不变（为防止上一年特殊政策的影响，用第二高减去第二低），$A = 24.7\% - (-11.2\%) = 35.9\%$。

1. 一致性约束

在一致性约束下的最优化行业信贷组合的 RAROC 的参数为 $\hat{\alpha} = 0.8325$，$\hat{\beta} = -0.1605$。表 5.7 给出了一致性约束下优化组合的行业占比，相对于 t 年的历史组合，调整幅度在合理范围内。表 5.8 给出了一致性约束下最优化组合与第 t 年组合的绩效比较。优化后的信贷组合 RAROC 为 12.5622%，组合 RAROC 的方差为 0.1641%，资本效率为 10.9832%，三方面的指标均优于第 t 年的信贷组合。

2. 方差约束

在最优增长率假设的框架下，一致性条件在任何情形下都不可被替代。因此，我们接下来考虑一致性条件与其他约束条件结合的复合约束条件对行业信贷组合优化的影响。对于同时满足约束条件 1 和约束条件 2 的基准优化模型，我们将其转化为 φ 问题，即将组合 RAROC 的方差转化为目标函数的惩罚项。

$$\text{目标函数：} \max \sum_i \frac{1+g_i}{1+G} \theta_i \times RAROC_i - \varphi \sum_{i,j} \omega_i \omega_j \sigma_{ij} \qquad (5.15)$$

$$\text{约束条件：} \sum_i g_i \theta_i = G, \omega_i = \frac{1+g_i}{1+G} \theta_i, \varphi \geq 0 \qquad (5.16)$$

其中，φ 是惩罚系数，代表了风险管理者对 RAROC 波动性风险的厌恶程度。不同的惩罚系数对应着一个帕累托最优的最优行业信贷组合。因此，一系列惩罚系数产生一系列帕累托最优的行业信贷组合，构成了行业信贷组合的有效前沿。由于本模型还有约束条件 $\sum_i g_i \theta_i = G$，得到的有效前沿可以认为是马科维茨组合投资有效前沿中的片段。

表 5.5 给出了在不同惩罚系数下得到的最优行业信贷组合。惩罚系数 φ 越大，风险管理者对不确定风险的厌恶水平越高。第 t 年的信贷组合的 RAROC、方差、资本效率分别为 11.65%、0.18%、11.07%，不在有效前沿上，所以第 t 年的组合有较大的提升空间。随着 φ 不断递增，对组合方差的惩罚程度在不断增加，得到最优组合的 RAROC 方差不断降低，同时组合 RAROC 也不断递减。也就是说，想要得到更低的组合方差，需要付出降低组合 RAROC 的代价。

表 5.5　方差约束下不同惩罚系数（φ）的基准模型最优化结果

惩罚系数 φ	组合 RAROC	组合 RAROC 方差	资本效率 EF	优化参数 $\hat{\alpha}$	优化参数 $\hat{\beta}$
0.01	12.5605%	0.16406%	10.9831%	0.8330	−0.1605
1	12.5621%	0.16404%	10.9830%	0.8440	−0.1597
10	12.5615%	0.16392%	10.9817%	0.9366	−0.1535
20	12.5600%	0.16381%	10.9806%	1.0245	−0.1479
30	12.5582%	0.16374%	10.9797%	1.0975	−0.1479
40	12.5565%	0.16369%	10.9791%	1.1577	−0.1399
……	……	……	……	……	……

图 5.4 展示了行业信贷组合的有效前沿。由图可知，组合 RAROC 方差越大，则组合的资本利用效率越低。因此，组合 RAROC 的方差和资本利用效率也是此消彼长的关系，即越高的组合 RAROC 需要承担更高的不确定性，从而要求更多的经济资本，经济资本使用效率越低。图 5.5 说明行业信贷组合的有效前沿上存在"RAROC/标准差"最大的组合。该组合承担单位风险可以获得最大的 RAROC，是性价比最高的行业信贷组合。

3. 资本效率约束

类似地，我们将约束条件 1 和约束条件 3 下的最优增长率模型转化为等价的 φ 问题。

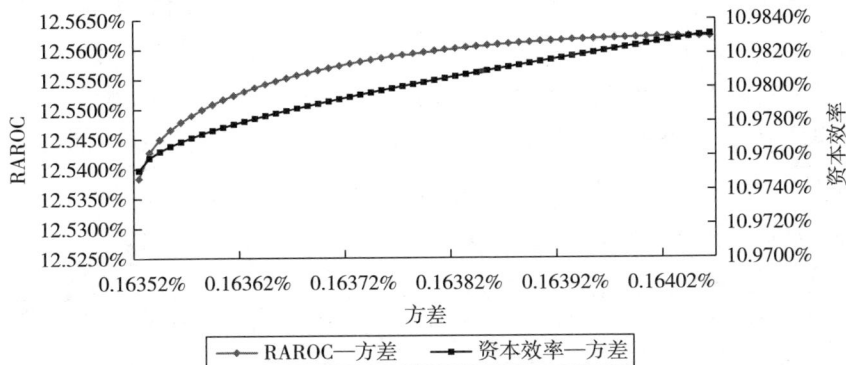

图 5.4　方差约束下基准模型得到的信贷组合有效前沿

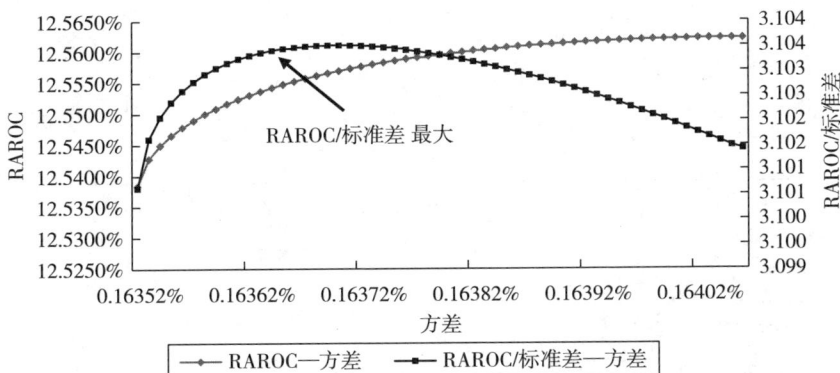

图 5.5　方差约束下基准模型得到的有效前沿的 RAROC/标准差

$$\text{目标函数：} \max \sum_i \frac{1+g_i}{1+G} \theta_i RAROC_i - \varphi \sum_i \omega_i \frac{EC_i}{CL_i} \tag{5.17}$$

$$\text{约束条件：} \sum_i g_i \theta_i = G, \omega_i = \frac{1+g_i}{1+G} \theta_i, \varphi \geqslant 0 \tag{5.18}$$

其中，$\sum_i \omega_i \frac{EC_i}{CL_i}$ 表示所有行业资本效率的加权平均，φ 表示惩罚系数。$\sum_i \omega_i \frac{EC_i}{CL_i}$ 越高表示组合的资本利用效率越低，惩罚项 $-\varphi \sum_i \omega_i \frac{EC_i}{CL_i}$ 体现了风险管理者对资本效率低下的惩罚。表5.6给出了不同惩罚系数产生的最优组合的绩效评估。一系列 φ 产生的一系列最优组合构成了

89

"*RAROC* - 资本效率 *EF*"有效前沿（见图5.6）。有效前沿上的点都是帕累托最优组合。由表5.6可知，随着惩罚系数的增加，最优组合的资本利用效率越来越高。但是资本利用率的升高是以牺牲组合 RAROC 为代价的。特别值得注意的是，随着资本利用率的提高，组合 RAROC 的方差先降后升，存在一个最小方差组合（RAROC 为 12.5344%，方差为 0.16353%，资本效率为 10.9745%）。

表5.6 资本效率约束下不同惩罚系数（φ）的基准模型优化结果及其绩效评估

惩罚系数 φ	组合 RAROC	组合 RAROC 方差	资本效率 EF	优化参数 $\hat{\alpha}$	优化参数 $\hat{\beta}$
0.01	12.5621%	0.16406%	10.9831%	0.8340	−0.1604
1	12.5614%	0.16391%	10.9816%	0.9432	−0.1531
10	12.4944%	0.16385%	10.9698%	2.5461	−0.0814
20	12.3832%	0.16608%	10.9615%	5.4074	−0.0300
30	12.3511%	0.16686%	10.9601%	6.5810	−0.0203
40	12.3384%	0.16717%	10.9597%	7.1231	−0.0169
……	……	……	……	……	……

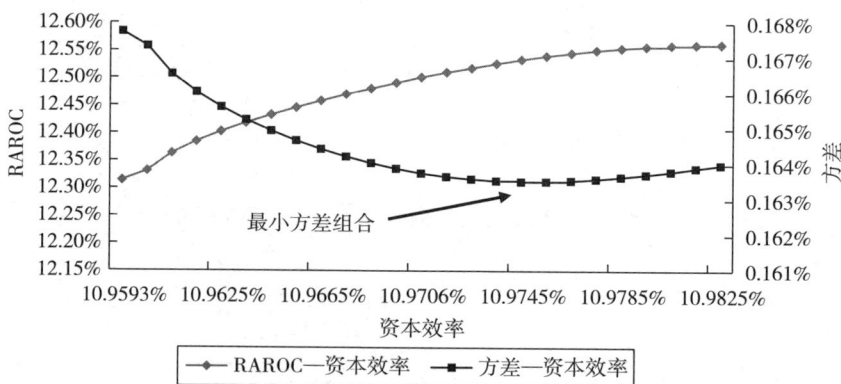

图5.6 资本效率约束下基准模型"RAROC - 资本效率"有效前沿

从表5.7可以看出，与一致性约束的优化组合相比，"RAROC/标准差"优化组合通过下调 O、P、Q 等行业的贷款占比，增加 T、U、W 等行业的贷款比例，主动舍弃部分 RAROC 来降低组合的方差，提高组合的资本利用效率。

表 5.7　不同约束下第 $t+1$ 年基准模型优化组合与第 t 年历史组合行业占比比较

行业	第 $t+1$ 年基准模型优化组合			第 t 年历史组合
	一致性约束	方差约束	资本效率约束	
A	0.8951%	0.8751%	0.8637%	0.8966%
B	4.1149%	4.0411%	3.9948%	4.0499%
C	0.7520%	0.7350%	0.7254%	0.7542%
D	3.8345%	3.7493%	3.7007%	3.8393%
E	2.7325%	2.6770%	2.6440%	2.7137%
F	1.8815%	1.8533%	1.8345%	1.8325%
G	5.3911%	5.3051%	5.2490%	5.2684%
H	2.9654%	2.9727%	3.0097%	3.6044%
I	1.6965%	1.6642%	1.6444%	1.6763%
J	1.2587%	1.2235%	1.2067%	1.3033%
K	0.2575%	0.2502%	0.2467%	0.2681%
L	3.3746%	3.2772%	3.2331%	3.5267%
M	3.9884%	3.9854%	3.9755%	3.7335%
N	2.6114%	2.5947%	2.5798%	2.4799%
O	4.6617%	4.5521%	4.4914%	4.6963%
P	10.1201%	10.0295%	9.9578%	9.6784%
Q	4.3199%	4.2203%	4.1646%	4.3422%
R	2.9652%	2.9083%	2.8736%	2.9320%
S	0.7727%	0.7817%	0.7860%	0.7034%
T	11.8288%	12.2345%	12.4761%	15.0076%
U	15.4799%	15.8518%	16.0733%	13.7569%
V	6.7387%	6.7486%	6.7411%	6.2743%
W	6.3843%	6.4874%	6.5423%	5.7598%
X	0.6413%	0.6548%	0.6626%	0.5730%
Y	0.3333%	0.3271%	0.3232%	0.3292%

注：表 5.7、表 5.8 中方差约束下的基准模型组合是指 RAROC/标准差最大组合，资本效率约束下的基准组合是指 RAROC 方差最小组合。

从表 5.8 可以看出，该组合的 RAROC 为 12.5515%，方差为 0.16360%，资本效率为 10.9777%，均优于第 t 年的历史组合，但 RA-

ROC 指标不及一致性约束的组合。

从表5.7 可以看出，与一致性约束的优化组合相比，该最小方差组合与上一小节的"RAROC/标准差"最大组合一样，也下调了 O、P、Q 等行业的贷款占比，增加了 T、U、W 等行业的贷款比例。

从表 5.8 可以看出，该组合的 RAROC 为 12.5369%，方差为 0.16352%，资本效率为10.9749%，均优于第 t 年的历史组合，但和一致性约束的组合相比，RAROC 指标不及一致性约束的组合。

表5.8 不同约束下第 $t+1$ 年基准模型优化组合与第 t 年历史组合的绩效比较

组合	约束情况	RAROC	方差	资本效率
第 $t+1$ 年基准模型优化组合	一致性约束	12.5622%	0.1641%	10.9832%
	方差约束	12.5515%	0.1636%	10.9777%
	资本效率约束	12.5369%	0.16352%	10.9749%
第 t 年历史组合		11.6471%	0.1799%	11.0723%

4. 基准模型优化结果小结

综合不同约束条件下基准模型的优化结果，我们可以得到以下结论。

第一，三种约束条件下的第 $t+1$ 年基准模型优化组合，在 RAROC、方差和资本效率方面均优于第 t 年的历史组合。举例而言，历史组合中 RAROC 最高和次高的行业 U、X，其行业占比在基准组合中均有所提升，RAROC 最低和次低的行业 T、H，其行业占比在基准组合中均有所下降，资本效率最高和次高的行业 X、W，其行业占比在基准组合中均有所提升，资本效率最低和次低的行业 K、V，其行业占比在基准组合中均有所下降。上述结果表明模型达到了优化的目的。

第二，一致性约束下的优化组合是基准模型的最优选择。在 RAROC 为核心考核指标的银行体系内，一致性约束下的优化组合相对较优。

第三，针对不同的风险偏好和资本效率偏好，方差约束和资本效率约束进一步提供了更多的信贷组合优化的选择。

（二）专家判断模型的优化过程

在本小节中，专家判断模型的基准组合采用上一小节中较优的一致性约束下基准模型的优化组合，其 RAROC、方差、资本效率分别为 12.5622%、0.1641%、10.9832%。

1. 超额波动约束

超额收益波动约束下的专家判断模型优化过程也可以转换为带惩罚系数的 φ 问题，即将组合 RAROC 的跟踪方差转化为目标函数的惩罚项。另外，历史上行业占比都在 0.1% 以上，因此我们在专家调整中要求最小行业占比不低于 0.1%。

$$目标函数：\max E[e] - \varphi\,\sigma^2(e) \tag{5.19}$$

$$约束条件1：x'\iota = 1, 0.1\% \leq x_i \leq 1, i = 1, \cdots, n \tag{5.20}$$

其中，φ 是惩罚系数，代表了风险管理者对跟踪误差不确定性的厌恶程度。我们选择带约束条件 1 的基准模型产生的行业配比作为基准组合。表 5.9 展示了不同惩罚系数下专家调整组合的信息。从表 5.9 可以看出，专家判断模型可以同时获得较高的 RAROC、较高的资本利用率（资本效率 EF 数值小）以及更小的方差。

表 5.9　超额波动约束下不同惩罚系数（φ）产生的专家判断模型优化过程

φ	专家组合 RAROC	方差	资本效率	超额 RAROC	跟踪误差方差
0.1	21.999%	0.187%	9.404%	9.436%	4.011%
0.5	21.914%	0.181%	9.426%	9.352%	3.834%
1.0	20.647%	0.183%	9.760%	8.085%	1.607%
1.5	20.520%	0.191%	9.795%	7.958%	1.502%
2.0	19.884%	0.168%	10.200%	7.322%	1.140%
2.5	19.341%	0.158%	10.343%	6.779%	0.897%
3.0	18.331%	0.155%	10.249%	5.769%	0.519%

图 5.7 展示了专家判断优化组合相对基准组合的超额 RAROC 与跟踪误差之间的关系。从图 5.7 可以看出，专家调整组合超额 RAROC 与跟踪误差的方差的关系类似于马科维茨有效前沿，即跟踪误差的方差越大，获得的超额 RAROC 越大。但是，专家调整组合整体的方差随着跟踪误差的方差增大呈现交替增减的变化，由图 5.7 可知专家调整组合中存在 RAROC 方差最小的信贷组合。

最小化方差专家调整组合的 RAROC、方差、资本效率值分别为

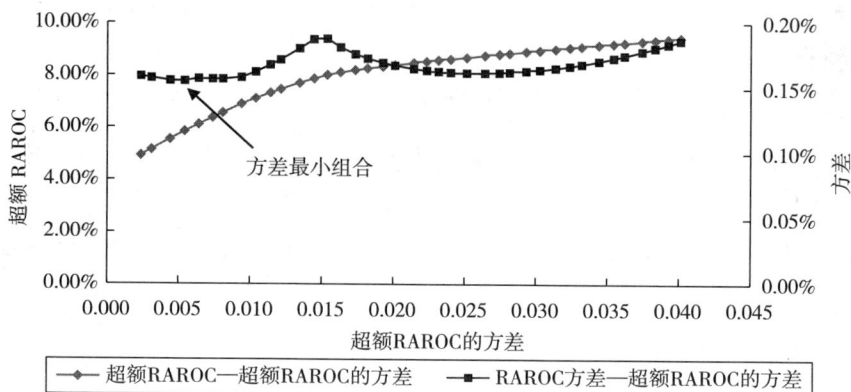

图 5.7　带超额波动约束的专家组合超额 RAROC、

RAROC 方差与超额 RAROC 方差的关系

18.3277% 、0.15483% 和 10.2496% ，其超额 RAROC 为 5.7656% ，跟踪误差的方差为 0.5178% 。表 5.10 给出了超额波动约束下，最小化方差专家判断优化组合与第 t 年历史组合的比较。其中，行业占比增长最快的三个行业分别是：U（48.21%）、I（8.77%）、C（8.55%）。行业占比降低最快的三个行业分别是：P（−9.58%）、V（−6.17%）、W（−5.66%）。但是该组合相对于第 t 年的调整幅度较大，实践中很难达到，仅提供了一种优化信贷组合的方向和途径。

表 5.11 给出了超额波动约束下，最小化方差专家判断优化组合的绩效分析，此组合 RAROC、方差、资本效率值分别为 18.3277% 、0.1549% 和 10.2496% ，其超额 RAROC 为 5.7656% ，超额 RAROC 的方差为 0.5178% ，优于第 t 年的历史组合及第 $t+1$ 年的基准组合。

2. 增速约束①

首先，根据专家对各个行业的分析判断将所有行业划分为三类：增长类、维持类和退出类。对于退出类行业，我们就退出下限 Lb 的不同设定分别展开讨论。

———————

① 增速约束和集中度约束下的专家判断模型同样采用转换为带惩罚系数的 φ 问题来求解，由于篇幅所限，过程略去。

表 5.10 给出了各个行业的信贷增速分类与对应的专家判断优化组合。模型优化的结果符合专家判断的预期，第 $t+1$ 年实际信贷增速都满足预先设定的目标。从表中可以看出，三个专家组合的调整方向是一致的：信贷增速最低的三个行业是 B、C 和 D；信贷增速最快的三个行业是 X、S 和 W，且调整幅度较为合理。

表 5.11 总结了基于增速约束的三个专家判断优化组合的绩效分析。不同退出下限的专家判断优化组合的绩效差异较大。退出下限为 −50% 和 −30% 的专家判断优化组合的超额 RAROC 为负值，分别为 −0.0938% 和 −0.2650%；退出下限为 −80% 的专家判断优化组合获得了 0.1630% 的正超额收益。其中退出下限为 −80% 的专家判断优化组合在 RAROC、RAROC 方差和资本效率三方面均优于基准组合和第 t 年的历史组合。因此，基于增速约束的专家判断优化组合既能吸收行业分析专家的判断结果，又能提供较符合实际操作需求且满足不同风险偏好的信贷优化方案。

3. 约束条件 3——集中度约束

本书统计了历年信贷组合的 HHI 指标数值，列示如图 5.8 所示。从 2012—2016 年，银行的信贷行业集中度呈逐年下降趋势。因此，我们根据历史管理经验设置 $HHI^* = 0.08$，即我们要求 $t+1$ 年信贷组合的 HHI 指数不高于 $HHI^* = 0.08$，并且仍然要求行业最低占比大于 0.1%。

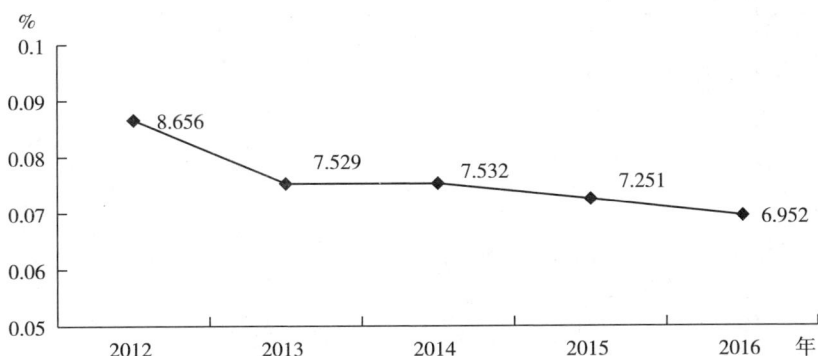

图 5.8　历年行业信贷组合的 HHI 指标

从表 5.10 可以计算出[①]，行业占比增长最快的三个行业分别为：X（+11.6486%）、S（+9.5912%）、W（+5.4581%）。行业占比降低最大的三个行业分别为：T（-14.9073%）、P（-4.1910%）、O（-3.8323%）。H、J、K、L 和 T 的信贷占比被调整到接近 0.1% 的底部，调整幅度较大，实际操作中实现较为困难。

从表 5.11 可以看出，集中度约束下优化信贷组合的 RAROC、方差、资本效率，分别为 17.4419%、0.1012%、9.9265%，相对于基准组合获取了 4.8797% 的超额 RAROC 和更高的资本利用效率（资本效率值 EF 更低），同时也降低了组合 RAROC 的方差。可见，集中度约束下的专家判断优化信贷组合可以改进基准组合及历史组合的表现。

4. 专家调整优化组合小结

我们将上述几种组合优化方法的结果汇总在以下两张表中（见表 5.10 和表 5.11），并进行比较分析。

表 5.10　不同约束下第 $t+1$ 年专家判断模型优化组合、

第 $t+1$ 年基准组合、第 t 年历史组合的行业占比比较

| 行业 | 超额波动约束 | 第 $t+1$ 年专家判断模型优化组合 | | | 集中度约束 | 第 $t+1$ 年基准组合 | 第 t 年历史组合 |
		增速约束 $Lb=-80\%$	增速约束 $Lb=-50\%$	增速约束 $Lb=-30\%$			
A	0.1008%	0.8967%	0.8967%	0.8967%	1.3442%	0.8951%	0.8966%
B	0.1033%	0.7605%	1.9012%	2.6617%	2.8784%	4.1149%	4.0499%
C	9.3006%	0.1416%	0.3541%	0.4957%	1.2440%	0.7520%	0.7542%
D	0.1016%	0.7209%	1.8023%	2.5233%	1.3843%	3.8345%	3.8393%
E	4.1203%	2.5479%	2.5479%	2.5479%	2.0859%	2.7325%	2.7137%
F	0.1011%	1.8325%	1.8325%	1.8325%	3.8115%	1.8815%	1.8325%
G	12.0895%	4.9464%	4.9464%	4.9464%	3.5105%	5.3911%	5.2684%
H	0.1010%	3.6044%	3.6044%	3.6044%	0.1003%	2.9654%	3.6044%
I	10.4480%	1.6763%	1.6763%	1.6763%	2.5272%	1.6965%	1.6763%
J	0.1179%	1.2237%	1.2237%	1.2237%	0.1021%	1.2587%	1.3033%
K	0.1010%	0.0504%	0.1259%	0.1762%	0.1017%	0.2575%	0.2681%

----

① 用集中度约束下的第 $t+1$ 年专家判断模型优化组合的行业占比减去第 t 年历史组合的行业占比。

续表

行业	超额波动约束	第 $t+1$ 年专家判断模型优化组合			集中度约束	第 $t+1$ 年基准组合	第 t 年历史组合
		增速约束 $Lb=-80\%$	增速约束 $Lb=-50\%$	增速约束 $Lb=-30\%$			
L	0.10012%	3.5267%	3.5267%	3.5267%	0.1014%	3.3746%	3.5267%
M	0.1004%	3.5054%	3.5054%	3.5054%	7.5246%	3.9884%	3.7335%
N	0.1003%	2.4799%	2.4799%	2.4799%	6.1497%	2.6114%	2.4799%
O	0.1003%	4.6963%	4.6963%	4.6963%	0.8641%	4.6617%	4.6963%
P	0.1003%	9.0868%	9.0868%	9.0868%	5.4873%	10.1201%	9.6784%
Q	0.1003%	4.3422%	4.3422%	4.3422%	1.0539%	4.3199%	4.3422%
R	0.1006%	2.9320%	2.9321%	2.9321%	2.4671%	2.9652%	2.9320%
S	0.1002%	0.7035%	0.7035%	0.7035%	10.2946%	0.7727%	0.7034%
T	0.1471%	14.0903%	14.0903%	14.0903%	0.1002%	11.8288%	15.0076%
U	61.964%	12.9158%	12.9158%	12.9157%	12.7936%	15.4799%	13.7569%
V	0.1003%	6.2743%	6.2743%	6.2743%	8.0465%	6.7387%	6.2743%
W	0.1005%	5.7600%	5.7600%	5.7600%	11.2179%	6.3843%	5.7598%
X	0.1005%	10.9561%	8.4461%	6.7727%	12.2216%	0.6413%	0.5730%
Y	0.1003%	0.3292%	0.3292%	0.3292%	2.5874%	0.3333%	0.3292%

表 5.11　不同约束下第 $t+1$ 年专家判断模型优化组合、第 $t+1$ 年基准组合、第 t 年历史组合的绩效比较

组合	约束	RAROC	RAROC 方差	资本效率	超额 RAROC	超额 RAROC 方差
第 $t+1$ 年专家判断模型优化组合	超额波动约束	18.3277%	0.1549%	10.2496%	5.7656%	0.5178%
	增速约束 $Lb=-80\%$	12.7251%	0.1527%	10.5602%	0.1630%	0.7957%
	增速约束 $Lb=-50\%$	12.4683%	0.1568%	10.6951%	-0.0938%	0.5125%
	增速约束 $Lb=-30\%$	12.2971%	0.1605%	10.7851%	-0.2650%	0.3389%
	集中度约束	17.4419%	0.1012%	9.9265%	4.8797%	2.9485%
第 $t+1$ 年基准组合		12.5622%	0.1641%	10.9832%	—	—
第 t 年历史组合		11.6471%	0.1799%	11.0723%	—	—

综合不同约束条件下专家判断模型的优化结果，我们可以得到以下结论。

第一，超额波动约束、增速约束（退出下限为 −80%）、集中度约束下的第 $t+1$ 年专家判断优化组合在 RAROC、方差及资本效率上均优于 $t+1$ 年基准组合和第 t 年历史组合。

第二，超额波动约束和集中度约束下的第 $t+1$ 年专家判断优化组合中，多个行业信贷占比相对于第 t 年的历史组合调整幅度过大，实际操作中很难执行。

第三，以增速约束为基础的专家调整是实现信贷组合主动管理的一种较为理想的方案。不同的退出下限的增速约束专家调整组合能够满足不同风险偏好的需求，可以通过主动舍弃部分 RAROC 来获取更高的资本利用效率和更小的方差，具有较高的实际应用价值。退出下限为 −80% 的调整组合可以同时获得相对基准组合更高的 RAROC、更高的资本利用效率以及更小的方差。

因此从实际应用适用性角度看，最佳的选择是增速约束，其次是集中度约束，最后是超额波动约束。以增速约束为基础的专家调整是实现信贷组合主动管理的一种较为理想的方案。

四、小结

本章在现有研究的基础上，尽量趋利避害，提出了具有理论和实际应用价值的信贷组合优化模型，设计的第一个基准优化模型是基于最优增长率的均值方差模型，弥补了现有研究较少考虑风险相关性，风险、资本约束的不足，既简便可操作，又实现了收益、风险和资本效率间的平衡。在第一个模型的基础上，又设计了第二个专家判断优化模型，基于基准组合的主动配置模型，解决了现有模型以被动接受为主，积极配置不足和缺少集中度约束的问题，为专家科学决策提供量化支持。本章的实证研究充分展示了上述信贷组合优化模型的优点，通过我国商业银行的历史数据，发现第一个模型的组合结果和使用前相比，第二个模型的组合结果和第一个模型相比，都在提升收益、降低风险和提升资本使用效率方面得到了改善，模型具有有效性，为信贷组合管理实践提供了有价值的指导。

基于上述行业信贷组合优化的实证分析，本章提出以下建议。

第一，从提升银行风险管理水平的角度来讲，应大力推动量化方法在实际行业组合管理中的应用，具体而言，可以结合银行的数据基础和管理现状，逐步引入以 RAROC 为目标，基于最优增长率的均值方差基准模型和专家判断优化模型。通过加入对风险相关性、风险容忍度、资本效率等约束条件，有效判断信贷组合层面的风险和收益、传导风险偏好，为行业政策的制定及行业限额的分配提供量化依据。

第二，从银行实践的角度讲，实施行业信贷组合管理，需要考虑多种因素，如行业相关性、行业集中度、风险偏好以及资本效率，注重达到风险、收益和效率的平衡，而不能只关注一点，否则容易导致顾此失彼的情况。

第三，从管理的思路讲，应转变现有组合管理被动接受模型结果的观念，转被动接受为积极配置，主动管理风险，通过在模型中嵌入专家判断的约束，使模型的输出值有更多的现实考量，依据增长类、维持类、退出类的不同行业划分，引导信贷资源投向收益更高、风险更低、资本效率更高的行业和领域，提升银行资产质量，就本书的研究而言，使用专家判断模型后，在很大程度上改善了组合的 RAROC、资本效率和风险情况，这对商业银行在经济下行期如何优化资产布局有一定的指导意义。

第六章　信贷集中度
与银行信用风险水平

——基于中国 A 股 16 家上市银行的实证分析[①]

　　由于信贷资产是商业银行资产最重要的组成部分和收入最主要的来源，信用风险也成为银行面临的最主要的风险。如何配置信贷资源，是集中于某几个行业和一些大客户还是分散配置，会对商业银行的风险造成重大影响，也是银行经营的一个难点。对于贷款集中度问题，学术界有两种对立的观点：一种观点认为，银行愿意将贷款集中到某个行业或某些客户，是因为这些行业和客户具有较好的盈利前景，是优质客户资源集中的地方，提升贷款集中度可以降低风险；而另一种观点则认为，贷款过于集中可能会增加银行的风险，特别是系统性风险，因为某些行业和客户在特定的经济运行背景和政策框架下具有良好的盈利前景，但一旦经济运行出现周期性的变动，或经济政策发生改变，这些行业或客户的经营情况就可能出现逆转，从而给银行的资产质量带来巨大的不利影响。

　　在实践中，在各种业绩考核的压力下，银行业竞争日趋激烈，为了完成指标，银行往往选择采用简单易行的服务大客户策略。国际大型商业银行均设有批发银行部门和本地优质大型客户团队，专门为大型客户提供一揽子金融服务。国内银行也都纷纷效仿成立类似的部门，例如农业银行专门设立了大客户部，建设银行、交通银行专门设立了集团客户部，统揽最核心的客户。目前中国的一些银行不到 10% 的客户集中了80% 或更多的贷款（魏国雄，2010），而在 2008 年国际金融危机后 4 万亿元经济刺激计划下，银行信贷也往往投向了制造业，交通运输业，仓储和邮政业，电力、燃气及水的生产和供应业等主要行业，以降低管理

---

　　① 本章部分内容于 2016 年发表于《国际金融研究》第 7 期，详见任秋潇和王一鸣（2016）。

成本，提升投入产出率（才宏远和王新华，2009）。

近年来，贷款过于集中的风险时有爆发。国际上，美国的安然公司、Worldcom 公司、意大利乳品巨头 Parmalat 公司等"优质"大客户突然破产给银行造成了巨额损失，次贷危机中房地产行业贷款集中度过高引发了银行系统性风险；在国内，随着经济增长放缓，信贷风险逐渐从民营中小企业向大型企业集团蔓延。尚德集团、熔盛重工集团、青岛港集团、中钢集团、海航集团昔日当地经济的支柱、行业的龙头和大型示范明星企业，都由于宏观经济冲击或自身经营不善而陨落，给各授信银行带来了不小的冲击。银行"垒大户"的授信冲动往往助长了企业的过度扩张，一旦出现风险事项，银行就会陷入被动局面。

早在 20 世纪 90 年代，巴塞尔委员会就开始关注集中度风险（谢晓雪，2020），1991 年发布了《计量与控制大额信用风险暴露》（*Measuring and Controlling Large Credit Exposures*），明确了大额风险暴露、单一客户和一组关联客户的定义，设定了风险暴露限额和监管报告的门槛值。风险暴露上限为银行集团资本的 25%，超过资本 10% 的风险暴露需报告监管机构；银行应建立系统的信用风险集中度管理体系，包括行业限额、区域限额等。2008 年国际金融危机后，监管加强了对银行业信贷集中度的管理要求（孙健翔、巴曙松和朱元倩，2013）。《巴塞尔协议 Ⅱ》（BCBS，2006c）明确规定应将集中度放入第二支柱；《巴塞尔协议 Ⅲ》（BCBS，2010）扩大了信贷集中度的范围，其需包含潜在的集中风险的因素；2012 年巴塞尔委员会正式发布《有效银行监管的核心原则》（第三版），提出有效监管体系应当遵循 29 条原则。其中，原则 19 提出了集中度风险和大额风险暴露限额的监管要求，如银行应具备完善的政策和程序，及时识别、计量、评估、监测、报告和控制或缓释集中度风险等。2014 年巴塞尔委员会发布了《计量和控制大额风险暴露的监管框架》（*Supervisory Framework for Measuring and Controlling Large Exposure*，以下简称《监管框架》）。该框架明确了大额风险暴露审慎管理框架、风险暴露计量规则、部分特殊的风险暴露处理方法、全球系统重要性银行大额风险暴露监管规则及实施时间和过渡期安排 6 部分内容，规定所有的国际活跃银行于

2019 年 1 月 1 日起开始实施相关要求。

我国 1995 年公布的《商业银行法》第三十九条就规定，对同一借款人的贷款余额与商业银行资本余额的比例不得超过百分之十；在 2003 年和 2015 年修订的版本中，均保留了这一条款；在 2020 年新的修订建议稿中，虽然删除了明确的阈值数字，但要求按照监管规定，遵守集中度监管指标。中国银监会 2010 年修订的《商业银行集团客户授信业务风险管理指引》对银行贷款集中度进行了规定，如一家商业银行对单一集团客户授信余额不得超过该商业银行资本净额的 15%。2018 年，我国银行保险监督管理委员会（以下简称银保监会）出台了《商业银行大额风险暴露管理办法》，明确了商业银行大额风险暴露监管要求，规定了风险暴露计算范围和方法，从组织架构、管理制度、内部限额、信息系统等方面对商业银行强化大额风险管控提出具体要求，明确了监管部门可以采取的监管措施，如商业银行对非同业单一客户的贷款余额不得超过资本净额的 10%，对非同业单一客户的风险暴露不得超过一级资本净额的 15%，对一组非同业关联客户的风险暴露不得超过一级资本净额的 20% 等。据了解，各商业银行采取建立大户监控中心、制定集中度管理办法、变分散审批为集中审批等模式以加强对集中度的管理。

在此背景下，深入研究信贷集中度对银行信用风险水平的影响机理及效果，探究在不同经济周期下，具有不同产权性质银行的行为差异，对于监管部门更好地制定集中度监管政策，商业银行合理地管控资产质量具有重要意义。基于此，本章采用固定效应的面板数据，实证分析信贷集中度对商业银行信用风险的影响，主要结论为：行业累积集中度提升会增加商业银行的信用风险，客户累积集中度提升会降低商业银行的信用风险。在经济上行周期，对于大型国有银行，行业集中度累积效应对商业银行风险的正向影响被显著加强了。但经济周期和商业银行所有权性质的差异并没有影响到客户集中度对资产质量的影响。

本章主要的创新点包括以下三点。第一，在信贷集中度指标的选取方面，采用了符合中国商业银行贷款特征的比例法和 HHI，较为全面和稳健地分析了集中度的作用，并且创新地使用了信贷累积集中度指标，考虑了滞后一期的累积效应影响，解决了现有文献忽视全面考察集中度指标、缺乏考虑信贷集中度约束作用在传导过程中存在时滞性和累积性的问题。第二，在实证研究方面，本书采用中国 A 股 16 家上市银行数据，研究了信贷集中度对中国商业银行信用风险水平的影响，弥补了现有文献主要在理论综述上对此类问题进行分析，缺少实证分析的不足；本书从行业集中度和客户集中度两个维度分类考虑，解决了现有实证文章在信贷集中是提高了银行的信用风险还是降低了银行的信用风险问题上结论的不一致的分歧。第三，本书考察了加入经济周期和银行所有权性质因素后，贷款集中度对商业银行风险的影响，弥补了现有文献在考察信贷集中度影响方面，鲜少考虑宏观经济波动及股东背景的不足，分析更为全面。

本章接下来的结构如下：第一部分对信贷集中度、经济周期和银行产权性质影响银行信用风险水平的机制进行了介绍，并提出了研究假设；第二部分介绍了研究设计和变量的选取；第三部分展示了实证分析的过程和结果；第四部分是结论和建议。

一、研究假设与设计

（一）信贷集中度与银行信用风险水平

现有研究普遍认为，信贷集中度会对商业银行的信用风险水平造成影响，并且主要有以下两种对立的观点。

一些学者认为，提升贷款集中度可以降低风险。传统的公司金融理论（Jensen，1986）认为，企业应专注于某一或者某几个行业，这样可以利用专业优势获取更多的利润。如 Acharya 等（2006）基于意大利银行业的实证研究、Baele 等（2007）基于欧洲 17 个国家的银行业数据论证了这一观点。Berger 等（2010）研究了中国银行业 1996—2006 年银行业的数据，发现行业、区域集中度增加会降低银行的不良率。Zamore 等（2019）研究了在小微金融领域，提升区域集中度会降低信用风险。

另外一些学者认为，降低贷款集中度可以减少风险。Diamond（1984）认为，由于存在信息不对称，分散信贷可以有效地降低银行的中

介成本，也可以更有力地对抗经济危机的冲击。如 Bebczuk and Galindo
（2007）使用阿根廷银行业 1999—2004 年数据的实证检验、Tabak 等
（2011）使用巴西银行业 2003—2009 年数据、Leon（2017）使用柬埔寨
57 家银行 2006—2015 年数据的实证检验支持了这一观点。

对于中国市场的研究，现有文献在实证领域涉足较少，且鲜有在同一
篇文章中对集中度指标进行行业和客户两个维度的细分，也鲜有文献对集
中度指标考虑授信策略的滞后性，分析集中度指标的累积效应。但结合中
国银行业的实际，笔者认为，应至少从行业集中度和客户集中度两个角度
进行分析。一方面，政府的宏观经济政策常常发挥着指挥棒的作用，各商
业银行受到产业政策和监管的引导，往往会制定相应的行业政策，将信贷
集中大量投放到某几个行业，因此造成行业产能过剩，授信过度的现象，
致使整个行业快速扩张，一旦出现风险征兆，行业下行，易产生连锁反应，
随着时间的推移，银行逐步抽贷，行业内的企业资金链紧张甚至断裂，造
成风险征兆快速转换为风险事件，银行不良贷款大幅增加。银行业本身作
为顺周期行业，在经济扩张期往往信贷扩张更为迅猛，因而这种效应会显
著加强。因此，提高行业集中度会增加商业银行的风险。另一方面，在中
国市场上，商业银行的前十大和最大单一客户往往为行业领军的大型国企，
它们资质良好，并且事实上可能还存在国家信用的隐性担保，银行客户集
中度提高，意味着高质量客户的信贷占比提高，会降低银行的信用风险。
此外，中国地域广阔，客户数量众多，银行在一定的人力、系统的支持下，
专业能力有一定限度，只能对较少的客户有较为透彻的了解，当客户集中
度提高后，银行对好客户的筛选能力提高，贷后管理更为有效，容易识别
和遏制风险，使不良率降低。因此，提升客户集中度，一定程度上会降低
商业银行的风险。基于上述结合中国实际情况的分析，本章对行业信贷集
中和客户集中度对银行风险的影响提出以下假设。

假设 1a：行业信贷集中对商业银行的风险有正向影响；
假设 1b：客户信贷集中对商业银行的风险有负向影响。

（二）经济周期与银行信用风险水平

银行是宏观经济运行的重要参与者，宏观经济的波动会对银行业的

发展造成重大影响，从而深刻地影响银行的资产质量和信贷风险。Bernanke and Blinder（1988）很早就将宏观经济要素与不良贷款关联起来，提出了金融稳定性理论。在实证方面，Salas 和 Saurina（2002）通过研究1985—1997 年西班牙的商业银行发现，宏观经济冲击会影响商业银行的信用风险，Quagliariello（2007）通过对意大利金融机构 1985—2002 年的数据进行动态和静态面板研究发现，经济周期与坏账呈现反向变动关系，且这种关系是非常显著和长期的。De Bock and Demyanets（2012）通过研究 1996—2010 年阿根廷、巴西、智利等 25 个新兴市场国家的数据，发现不良贷款与宏观经济间存在负相关关系。Afzal 等（2018）通过 2008—2016 年 22 个巴基斯坦银行的数据，Salvi 等（2018）通过 2816 个欧洲银行的数据得出了同样的结论。李麟和索彦峰（2009）通过研究 1994—2008 年的中国银行业数据发现，中国银行业的不良贷款与经济周期间存在强烈的负相关关系，银行信贷行为的亲周期性更加强了这种关系。徐岩岩和赵正龙（2011）通过 HP 滤波和 BP 滤波的方法，发现交通银行不良率与 GDP 产出缺口之间存在负相关性。黄有为等（2017）以来自中国资本市场 2008—2014 年 16 家上市和 150 家非上市商业银行的年度数据为基础，发现经济迅速下滑期，商业银行会计提更多的贷款损失准备。

综上所述，大部分研究都提出了经济周期与银行风险呈现负相关关系。但鲜有人将经济周期与信贷集中度结合起来，探索其联合效应对银行风险的影响。在中国的市场上，经济上升周期往往也是银行扩张期和信贷泡沫累积期，再加之大部分商业银行国有的股权性质，信贷往往跟随政府政策投向了某些热门行业，并在供大于求的情况下造成了产能过剩的局面，例如 2009 年国家 40000 亿元的信贷投放，形成了钢铁、水泥、电解铝、平板玻璃、船舶五大产能过剩行业。而在过剩存量的消化期，行业价格下跌，开工率不足，盈利能力下滑，资金链紧张，银行的信贷资产质量就会遭受巨大的考验，因此，本章提出第二个假设。

假设 2：经济上行（下行）周期会加强（减弱）信贷集中对商业银行风险的影响。

（三）银行产权性质与银行信用风险水平

产权决定激励机制，不同产权性质的银行在制定授信策略时会受到股东背景的影响而作出不同的决策。在中国，银行性质又与银行的规模联系在一起，四大国有银行相较股份制银行来讲，规模更为庞大。不同规模的银行在信贷决策和风险承担上也不尽相同。Haldane（2009）认为，大银行风险承担能力往往较高，这是由大银行资金实力雄厚，风控能力强，即使经营出现问题，也可以通过大银行发达的网络转移损失。Lópezetal（2011）则从另一个角度发现，由于大型银行资金成本低，融资渠道也比较多，可以将风险控制在较低水平，并通过哥伦比亚 2000—2008 年的数据进行了验证。邹飞和王宗润（2013）发现对于国有银行，当高管来自具有政府背景的机构时，经营稳健，不良率明显偏低，但股份制银行和城市商业银行在决策时风险偏好明显偏高，会增加银行的不良率。在集中度与银行性质的关系方面，Berger 和 Zhou（2010）通过研究中国 1996—2006 年的银行业数据，发现具有外资属性的银行其集中度对银行风险的负面影响会被削弱，多元化的股权结构更有利于银行降低风险，没有外资属性的国有银行，集中度对银行风险的负面影响会被加强。因此，本章提出第三个假设。

假设 3：国有四大银行的银行特征会加强信贷集中对商业银行风险的影响。

二、研究设计与变量选取

（一）数据来源和样本选择

本章样本来源于 Wind 数据库，选取了中国 16 家 A 股上市商业银行作为研究对象，使用 Stata 软件对数据进行处理。由于从 2007 年开始上市银行才公布分行业贷款数据，且 16 家银行中有 14 家银行仅公布半年度的分行业贷款数据，本章样本的年度区间设定为 2007—2014 年，采用半年度数据进行研究。

（二）主要变量的说明

1. 被解释变量：不良贷款率（npl）

本章选取了国内外文献普遍采用的不良贷款率作为衡量银行信用风险的指标。不良贷款率的升高一般有两种可能，放贷减少或不良贷款增加都可能导致不良贷款率上升。

2. 解释变量

（1）贷款集中度（cr）。本章贷款集中度选取行业和客户两个维度。行业集中度采用赫芬达尔—赫希曼系数（hhi），客户集中度采用最大十家客户集中度（maxten）和最大单一客户集中度（maxfirst）两个指标来衡量。指标的计算均采用了商业银行信贷配置中最重要的组成部分——公司贷款来进行。考虑到集中度对风险的影响可能存在滞后性，因此对每个集中度指标均引入了当期的滞后一期数据，并考察了集中度的累积效应。具体计算公式为

$$hhi = \sum_{i=1}^{n} (x_i/X)^2 \tag{6.1}$$

其中，x_i 为一家银行某一行业的贷款余额，X 为全部公司贷款余额。

$$maxten = 前十大公司客户的贷款总额／全部公司贷款总额 \tag{6.2}$$

$$maxfirst = 最大单一客户贷款总额／全部公司贷款总额 \tag{6.3}$$

（2）交叉项变量。本章分别考察经济周期、银行所有权性质与贷款集中度的乘积项对不良贷款率的联合影响。为得到经济周期变量（cycle），我们对半年度 GDP 同比增长率进行了 HP 滤波处理，用 GDP 增长率的真实值和 HP 滤波趋势项（潜在产出增长率）相减得到残差（即产出缺口）。当产出缺口大于零时，即为经济上升周期，且值越大表明上升幅度越大；反之则为经济下行周期。经济周期变量（cycle）的表达式为

$$cycle = GDP 增长率真实值 - 潜在 GDP 增长率 \tag{6.4}$$

银行所有权性质（state）主要考察银行是否具有国有性质。16 家银行按所有权性质分为四大国有银行和股份制银行。四大国有银行（工商银行、农业银行、中国银行、建设银行）行政级别高，资产规模大，地

区分布广，业务综合性较强。股份制银行经营较为灵活，资产规模小，地区分布较为集中，业务较为单一。在回归中，国有银行 state 取值 1，股份制银行为 0。

（3）控制变量。控制变量包括贷款规模（loan）、拨备覆盖率（coverage）、存贷比（l_d）。贷款增加，不良率分母变大，可能导致不良率降低。拨备覆盖率是银行坏账的计提比率，增加则风险把控更为审慎，可能导致不良率下降。存贷比反映了一家银行存款中有多少比例用于贷款，比例越低，风险偏好越审慎，不良率可能越低。

表 6.1　变量描述

指标名称	符号	含义
不良率	npl	不良贷款余额比总贷款余额
行业集中度	hhi	赫芬达尔—赫希曼系数，为某一银行某一行业的贷款余额，X 为某一银行全部的公司贷款余额
最大十家客户集中度	maxten	最大十家客户贷款占比
最大单一客户集中度	maxfirst	最大一家客户贷款占比
经济周期	cycle	产出缺口
银行性质	state	=1 为国有四大国有银行，=0 为股份制银行
贷款	loan	银行公司业务贷款余额
拨备覆盖率	coverage	坏账计提值与不良贷款余额的比例
存贷比	l_d	贷款比存款的值

（三）模型设定

本章参考 Gambacorta 和 Mistrulli（2004）的研究方法，在研究贷款集中度对商业银行风险的影响时，使用集中度的累积项 $\sum_{m=0}^{1} cr_{i(t-m)}$，即第 t 期和第 $t-1$ 期贷款集中度的和。使用累积项的优点在于不仅考察了当期贷款集中度对商业银行风险的影响，而且也把滞后期贷款集中度的影响考虑在内。因为信贷集中度对风险的作用传导机制可能存在一定的时滞性和累积性，所以考察累积项影响是有必要的。针对以上三个假设构建了面板模型如下。

回归模型一：

$$npl_{it} = \sum_{m=0}^{1} \propto_m cr_{i(t-m)} + \beta_1 cycle_t + \beta_2 loan_{it} + \beta_3 coverage_{it} + \beta_4 l\_d_{it} + u_i + \varepsilon_{it}$$

$$(6.5)$$

回归模型（6.5）为基准模型，考察了贷款累积集中度、经济周期因素对不良贷款率的影响。在该基准模型中加入贷款集中度和经济周期的交叉项，得到

回归模型二：

$$npl_{it} = \sum_{m=0}^{1} \propto_m cr_{i(t-m)} + \beta_1 cycle_t + \beta_2 loan_{it} + \beta_3 coverage_{it}$$

$$+ \beta_4 l\_d_{it} + \sum_{m=0}^{1} \gamma_m cycle_t \times cr_{i(t-m)} + u_i + \varepsilon_{it} \qquad (6.6)$$

在基准模型（6.5）中加入贷款集中度和银行所有制性质的交叉项，得到

回归模型三：

$$npl_{it} = \sum_{m=0}^{1} \propto_m cr_{i(t-m)} + \beta_1 cycle_t + \beta_2 loan_{it} + \beta_3 coverage_{it} + \beta_4 l\_d_{it}$$

$$+ \beta_5 state_i + \sum_{m=0}^{1} \delta_m state_i \times cr_{i(t-m)} + u_i + \varepsilon_{it} \qquad (6.7)$$

其中，npl_{it} 表示第 i 家银行在第 t 期的不良贷款率，$cr_{i(t-m)}$ 表示第 i 家银行在 $t-m$ 期的贷款集中度；$cycle_t$ 表示第 t 期的产出缺口，代表经济周期波动；$loan_{it}$ 表示第 i 家银行在第 t 期末的贷款余额；$coverage_{it}$ 表示第 i 家银行在第 t 期的拨备覆盖率；l_d_{it} 表示第 i 家银行在第 t 期的存贷比；u_i 表示个体面板模型效应；ε_{it} 表示残差项。$state_i$ 表示第 i 家银行的所有制性质；$cycle_t \times cr_{i(t-m)}$ 是经济周期项与贷款集中度的交叉项，表示二者的联合效应；$state_i \times cr_{i(t-m)}$ 是银行所有制性质与贷款集中度的交叉项，表示二者的联合效应。$\propto_m$（m 为 1 和 0）分别为 $t-1$ 期和 t 期贷款集中度的系数。对 $\sum_{m=0}^{1} \propto_m$ 进行 F 检验，得到累积效应的显著性结果。

三、实证分析

（一）描述性统计

表 6.2 和表 6.3 显示了主要变量的描述性统计情况。从行业集中度来看，宁波银行集中度最高，达到 19.99%，北京银行集中度最低，为 7.61%。从前十大客户集中度来看，股份制银行的集中度普遍较高，"垒大户"现象比较严重，这和小银行客户选择有限相关。其中，北京银行集中度最高，达到 38.21%；四大国有银行集中度最低，这反映出大型银行分支机构分布广，实力雄厚，客户选择余地较大，其中，建设银行客户分布最为分散，最大十家客户集中度为 16.78%。从最大单一客户集中度来看，这些银行仍然呈现出股份制银行集中度较高，四大国有银行集中度较低的现象。从不良率来看，农业银行最高，达到 3.73%，这一方面和其资产质量较差有关，另一方面和其股份制改革时间较晚，资产剥离时间滞后相关。股份制银行相对不良率较低，因为其资产规模小，专业性强，在风险暴露时，能迅速作出反应。

表 6.2 主要变量描述性统计

变量	均值	最大值	最小值	标准差
hhi	13.28%	38.51%	3.20%	4.18%
maxten	23.77%	48.16%	11.71%	8.48%
maxfirst	4.08%	15.16%	1.55%	1.71%
npl	1.23%	23.57%	0.35%	1.67%
coverage	240.33%	499.60%	48.28%	90.29%
l_d	67.86%	84.27%	47.10%	6.37%

资料来源：Wind 数据库及作者整理。

表 6.3 上市银行主要变量描述性统计

银行名称	hhi	maxten	maxfirst	npl
平安银行	12.66%	26.43%	4.56%	1.35%
宁波银行	19.99%	20.80%	2.97%	0.72%

银行名称	hhi	maxten	maxfirst	npl
浦发银行	14.06%	20.66%	3.19%	0.79%
华夏银行	14.97%	29.92%	5.23%	1.29%
民生银行	12.21%	24.35%	4.16%	0.86%
招商银行	15.88%	22.42%	4.01%	0.84%
南京银行	9.72%	26.06%	3.87%	1.10%
兴业银行	13.17%	28.22%	4.81%	0.64%
北京银行	7.61%	38.21%	6.81%	0.94%
农业银行	14.99%	17.12%	3.65%	3.73%
交通银行	11.92%	18.91%	2.66%	1.27%
工商银行	12.21%	19.64%	3.45%	1.40%
光大银行	13.04%	29.89%	5.76%	1.24%
建设银行	12.35%	16.78%	3.64%	1.41%
中国银行	14.75%	18.69%	3.01%	1.48%
中信银行	13.22%	24.02%	3.97%	0.96%

资料来源：Wind 数据库及作者整理。

表 6.4 描述了被解释变量之间的相关性系数，可以看出基本不存在高度多重共线性。其中行业集中度 hhi 和前十大客户集中度 maxten 相关性较低约为 34%，说明分开考虑具有合理性，前十大客户集中度 maxten 和最大单一客户集中度 maxfirst 之间高度相关，达到约 83%，因此可以互为稳健性检验的指标。贷款规模与企业性质两个控制变量相关性较高，主要是因为我国商业银行呈现国有银行贷款规模显著高于股份制银行。

表 6.4　解释变量的相关系数矩阵

变量	hhi	maxten	maxfirst	loan	coverage	l_d	cycle	state
hhi	1							
maxten	−0.3374	1						
maxfirst	−0.3289	0.8347	1					
loan	−0.005	−0.4907	−0.2968	1				

续表

变量	hhi	maxten	maxfirst	loan	coverage	l_d	cycle	state
coverage	0.0236	− 0.1964	− 0.0354	− 0.0091	1			
l_d	0.1463	0.1334	0.0831	− 0.2179	− 0.0112	1		
cycle	− 0.0231	− 0.094	− 0.103	0.0108	0.0567	− 0.1018	1	
state	0.012	− 0.3847	− 0.2372	0.8991	− 0.1699	− 0.4139	0.012	1

图 6.1 展示了 16 家上市商业银行平均客户集中度、行业集中度与不良率的变化趋势。在图 6.1 中，16 家银行客户集中度均值整体呈现下降趋势，集中度的下降客观上与监管要求趋严相关，主观上与银行调整授信策略、分散经营有关。行业集中度呈现先下降后上升的趋势。2008 年国际金融危机的爆发对银行行为产生了较大的影响，随着经济增速的趋缓，各类风险迅速释放，银行对贷款的行业集中度相对敏感，压降了高集中度行业的授信。随着国家 4 万亿元刺激计划的推出，银行体系获得了大量流动性，资金重新流入市场。2013 年以来，国内的产能过剩问题日益凸显，相关行业的企业经营出现困难，银监会对"两高一剩"行业提出了更为严格的监管指引，银行业贷款集中度呈现出下降趋势。不良率均值 2007—2009 年有明显的下降趋势，主要原因是原来不良率较高的

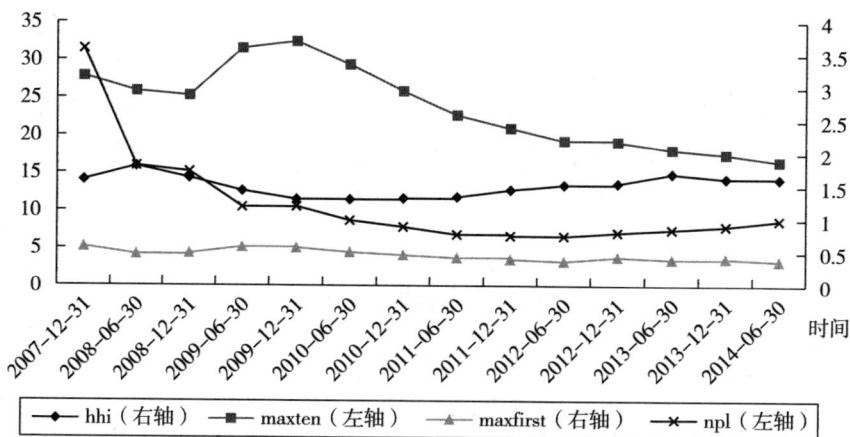

图 6.1 客户集中度、行业集中度与不良率走势

（资料来源：Wind 数据库及作者整理）

农业银行在 2010 年上市之前逐渐完成了不良资产剥离；2010 年之后，不良率呈现相对平稳态势，2013 年之后略有提升。

（二）回归结果及分析

1. 信贷集中度对商业银行风险的影响——从行业集中度角度

从表 6.5 的回归结果可以看出，当期行业集中度 hhi_{it} 对商业银行风险的影响为正，但这一影响系数并不显著。当考虑到行业集中度的累积效应后（样本中选择了滞后半年），$\sum_{m=0}^{1} hhi_{i(t-m)}$ 系数显著为正，表明行业集中度对商业银行风险具有显著的正向影响，这说明行业集中度对商业银行信用风险水平的影响有一定的滞后性和累加性，累积效应下的行业集中度每提高 1 个单位，商业银行的风险相应会增加 1.813 个单位。这验证了本章提出的假设 1a，即"信贷集中对商业银行风险有正向影响"。当考虑到经济周期和行业集中度的交叉影响后，行业集中度累积效应对商业银行风险的影响系数从 1.813 上升到 2.457，且通过了 F 检验，即此时行业集中度提高 1 个单位，商业银行的风险就会显著增加 2.457 个单位，这种正向影响被加强了。假设 2 "经济下行周期会加强信贷集中对商业银行风险的影响"得以证明。此外，经济周期与行业集中度的交叉作用也会对商业银行风险产生正向影响，交叉作用每增强 1 个单位，银行不良率就会显著提高 0.893 个单位。

当考虑到银行的所有制性质与行业集中度的交叉影响时，我们发现，行业集中度对商业银行风险的正向影响同样显著加强了，此时行业集中度增加 1 个单位，银行风险会相应增加 2.116 个单位，而交叉作用每增强 1 个单位，会使银行风险显著提高 6.249 个单位，这是因为国有商业银行对国家宏观经济和产业政策的反应更为强烈，对部分行业的信贷投放意愿更强，对相关风险的敏感程度相对于股份制商业银行较低，因此行业集中度的影响被放大了，这也印证了假设 3 "国有四大银行的银行特征会加强信贷集中对商业银行风险的影响"。

在未考虑到集中度的累积效应时，经济周期对不良率的影响为正且显著，即经济处于上升周期时，资产质量反而恶化，这与我们的理论分析不符。当考虑到集中度的累积效应时，经济周期对不良率的影响为负且显著，即经济处于上升周期时，银行的信贷质量较好，这符合银行业的实践。这说明在实证研究过程中，考虑信贷集中度的累积效应是有必要的。

在控制变量中，无论是否考虑累积效应，贷款余额对不良率的影响都是负向的，贷款余额越大，不良率的分母越大，不良率越低，并且贷款余额越大，银行规模越大，对风险的控制和分散能力越强，不良率相应也会降低。拨备覆盖率对不良率也有显著负向影响，当拨备覆盖率较高时，坏账准备计提充足，往往反映出一个银行的风险偏好是较为谨慎的，风险控制意识较强，因此不良率会下降。在考虑累积效应的时候，存贷比对不良率有负的影响，贷款余额越大，存贷越高，不良率分母越大，不良率越低。但这些控制变量的影响系数数值并不高。

表6.5　行业信贷集中度对商业银行风险影响的检验结果

变量	（1） npl	（2） npl	（3） npl	（4） npl
hhi_{it}	4.667 (2.956)			
$\sum\limits_{m=0}^{1} hhi_{i(t-m)}$		1.813 *** (5.19)	2.457 *** (8.31)	2.116 ** (6.17)
$\sum\limits_{m=0}^{1} hhi_{i(t-m)} \times cycle_{it}$			0.893 * (3.08)	
$\sum\limits_{m=0}^{1} hhi_{i(t-m)} \times state_{i}$				6.249 * (4.66)
cycle	0.247 *** (0.0759)	− 0.0187 (0.0220)	− 0.133 ** (0.0660)	− 0.124 ** (0.0604)
loan	− 0.431 *** (0.127)	− 0.105 *** (0.0295)	− 0.109 *** (0.0294)	− 0.106 *** (0.0292)
coverage	− 0.00528 *** (0.00145)	− 0.00366 *** (0.000351)	− 0.00364 *** (0.000350)	− 0.00358 *** (0.000347)
l_d	0.0746 ** (0.0287)	− 0.0199 *** (0.00658)	− 0.0196 *** (0.00666)	− 0.0191 *** (0.00649)

续表

变量	（1）	（2）	（3）	（4）
	npl	npl	npl	npl
constant	− 2. 244	3. 279 ***	3. 183 ***	3. 004 ***
	（1. 968）	（0. 450）	（0. 456）	（0. 456）
观测值	219	198	198	198
R − squared	0. 256	0. 589	0. 598	0. 606

注：使用累积项进行回归的，参数下的括号中为对应检验的 F 统计量，＊为 F 检验的显著性，检验假设为 $\sum_{m=0}^{1} \propto_m = 0$ ；其他回归参数下的括号中为标准差，＊为 T 检验的显著性。 *** 、 ** 、＊分别表示 1% 、5% 和 10% 的显著性水平。（下同）

2. 信贷集中度对商业银行风险的影响——从客户集中度角度

从表 6. 5、表 6. 6 可以看出，与行业集中度不同，无论是否考虑累积效应，客户集中度对银行风险的影响均显著为负，验证了假设 1b "客户集中度对商业银行的风险有负向影响"。但在不考虑累积效应时，这种负向影响能力最强，客户集中度每提高 1 个单位，商业银行的不良率就会下降 0. 0646 个单位，但考虑累积效应后，负向影响系数的绝对值就会下降至 0. 01 左右，即此时客户集中度提高 1 个单位只会使银行不良率下降大约 0. 01 个单位，原因可能在于累积效应更能突出行业集中度对银行风险的影响，因而客户集中度的作用会被削弱。

计量结果显示，客户集中度和经济周期的交叉项对不良贷款率并无显著性影响，说明经济周期因素并未加强客户集中度对信用风险水平的影响。这是由于中国的商业银行的前十大客户普遍是大型的国有企业，它们抵抗经济周期的能力较强。此外，客户集中度和商业银行所有权性质的交叉项对不良贷款率的影响也不显著，说明商业银行所有权性质的差异并没有影响到客户集中度对信用风险水平的影响。原因在于无论是国有商业银行还是规模较大的股份制商业银行，其最大的客户基本都集中在相近的所谓 "优质客户"上，因此银行的所有制性质并不能显著改变客户集中度对不良贷款率的影响。

控制变量方面，在不考虑累积效应时，经济周期与不良率呈显著的正相关关系，即经济运行状况越好，银行不良率越高，这与实际不相符。而考虑累积效应时，经济周期对于银行风险的影响系数为负，但系数并不显著，表明从客户集中度的角度考量银行风险时，经济周期因素并不会对信用风险水平产生显著影响。此外，当不考虑累积效应时，存贷比对不良率有显著的正向影响，即贷款量越大，不良率越高，这不符合银行的实践，而考虑累积效应时，存贷比对不良率的影响是负向的，但系数不显著，可以看出在实证研究中考虑客户集中度的累积效应是必要的。此外，无论是否考虑累积效应，贷款量和拨备覆盖率对于银行风险都有显著负向影响，贷款量越大，不良率分母越大；拨备覆盖率越高，风险管理越谨慎，因而不良率越低，但这两者在不考虑累积效应时的影响系数绝对值都大于考虑累积效应时的系数绝对值，原因在于累积效应会使行业集中度的影响系数显著提高，而其余控制变量的影响作用会相对被削弱。

综上所述，在考虑累积效应的前提下，行业集中度和客户集中度对银行风险的影响都是显著的，表明信贷集中会对商业银行风险产生影响，具体而言，行业集中度越高，银行风险越高，客户集中度越高，银行风险越低。

表6.6 前十大客户信贷集中度对商业银行风险影响的检验结果

变量	(1)	(2)	(3)	(4)
	npl	npl	npl	npl
$maxten_{it}$	- 0. 0646 ***			
	(0. 0126)			
$\sum_{m=0}^{1} maxten_{i(t-m)}$		- 0. 0155 ***	- 0. 0145 ***	- 0. 0092 *
		(19. 80)	(15. 98)	(3. 87)
$\sum_{m=0}^{1} maxten_{i(t-m)} \times cycle_{it}$			0. 003	
			(1. 24)	
$\sum_{m=0}^{1} maxten_{i(t-m)} \times state_{i}$				- 0. 02046
				(1. 32)
cycle	0. 214 ***	- 0. 0273	- 0. 109	- 0. 0165
	(0. 0716)	(0. 0231)	(0. 0760)	(0. 0775)

续表

变量	(1)	(2)	(3)	(4)
	npl	npl	npl	npl
loan	− 0. 536 ***	− 0. 151 ***	− 0. 142 ***	− 0. 147 ***
	(0. 121)	(0. 0309)	(0. 0322)	(0. 0375)
coverage	− 0. 00692 ***	− 0. 00434 ***	− 0. 00436 ***	− 0. 00396 ***
	(0. 00141)	(0. 000364)	(0. 000365)	(0. 000396)
l_d	0. 117 ***	− 0. 0107	− 0. 0103	− 0. 0115
	(0. 0283)	(0. 00716)	(0. 00725)	(0. 00752)
constant	− 2. 457	3. 527 ***	3. 467 ***	3. 416 ***
	(1. 844)	(0. 443)	(0. 451)	(0. 476)
观测值	220	204	204	190
R − squared	0. 333	0. 652	0. 655	0. 613

(三) 稳健性检验

为了检验回归结果的稳健性，本章用最大单一客户贷款集中度代替前十大客户集中度，重新进行上述回归，得到的结果如表6.7所示。从表6.7的结果可以看出，使用不同的贷款集中度衡量指标，结果并没有明显差异，说明前文的回归结果是稳健的。

表6.7 最大单一客户信贷集中度对商业银行风险影响的检验结果

变量	(1)	(2)	(3)	(4)
	npl	npl	npl	npl
$maxfirst_{it}$	− 0. 225 ***			
	(0. 0687)			
$\sum_{m=0}^{1} maxfirst_{i(t-m)}$		− 0. 0478 **	− 0. 0451 **	− 0. 0487 *
		(5. 07)	(4. 08)	(3. 69)
$\sum_{m=0}^{1} maxfirst_{i(t-m)} \times cycle_{it}$			0. 0140	
			(0. 28)	
$\sum_{m=0}^{1} maxfirst_{i(t-m)} \times state_i$				0. 22925 ***
				(8. 01)

续表

变量	（1）	（2）	（3）	（4）
	npl	npl	npl	npl
cycle	0. 230 ***	− 0. 0227	− 0. 0604	0. 0146
	(0. 0741)	(0. 0236)	(0. 0752)	(0. 0670)
loan	− 0. 453 ***	− 0. 128 ***	− 0. 125 ***	− 0. 135 ***
	(0. 124)	(0. 0315)	(0. 0324)	(0. 0319)
coverage	− 0. 00649 ***	− 0. 00397 ***	− 0. 00399 ***	− 0. 00367 ***
	(0. 00149)	(0. 000374)	(0. 000379)	(0. 000377)
l_d	0. 0965 ***	− 0. 0180 **	− 0. 0183 **	− 0. 0139 *
	(0. 0288)	(0. 00732)	(0. 00739)	(0. 00726)
constant	− 1. 901	3. 720 ***	3. 725 ***	3. 177 ***
	(1. 906)	(0. 463)	(0. 467)	(0. 465)
观测值	220	204	204	190
R – squared	0. 284	0. 616	0. 617	0. 608

四、小结

本章基于中国 A 股上市的 16 家商业银行 2007—2014 年的半年度数据，选用 HHI 和比例法作为集中度的指标，考虑了集中度滞后一期的累积影响，使用固定效应模型和 F 检验验证了行业集中度、客户集中度、经济周期、银行产权性质对商业银行信用风险水平的影响。实证结果表明：首先，降低行业集中度，长期来看有助于改善商业银行的资产质量，降低信用风险，尤其在经济扩张期和对于大型国有银行来讲，这种作用更为明显。其次，增加客户集中度，短期和长期来看都有利于改善商业银行的资产质量，降低信用风险并不会因为经济周期的变化或是银行产权性质的改变而有所变化。当然，这与客户集中度的数据仅限于前十大客户，基本集中于资产质量优异的大型国企和有政府信誉背书的地方政府融资平台有关。

基于以上的实证检验结果，本章提出以下政策建议。

第一，从行业角度来看，为降低银行的信用风险，银行应分散配置信贷资源，降低行业集中度，尤其在经济扩张期，大型商业银行应抑制投资冲动，采用降低行业集中度的手段制定授信策略，防止产能过剩，不良增加。可以通过对一些产能严重过剩、潜在高风险的行业设置刚性限额，提高行业准入门槛，制定行业发展指引，加强内控检查，对于总是突破限额，压缩退出类行业余额总是居高不下的分行可以通过约谈，扣减绩效等方式进行调控。

第二，从客户角度来看，仅从降低银行信用风险的角度，银行应将信贷资源配置相对集中于大型优质的客户，与分散于中小客户相比，这是降低银行资产不良率的一种手段，不论是对于国有大行还是股份制银行，不论是在经济上行期还是在经济下行期，都会对控制商业银行的风险有所裨益。具体而言，可以在设置评级和客户准入时给予优质大客户一定的优惠；建立战略重点客户名单，在审批模式和授信条件上灵活给予便利。

第三，从监管的角度来看，一方面，要为银行的发展创造良好的经营环境，如出台较为明晰的产业政策，给予银行更为清晰的指导，在中小企业的支持方面，采取政策激励与补贴，内生化额外的风险成本。另一方面，金融监管也要"长牙齿"，加强对商业银行大额风险暴露的管理，严惩违规行为，防止集中度风险过高引发的系统性金融风险。

第七章　结论及展望

一、本书结论

在经济下行，银行经营承压，信用风险是银行持续稳健经营的关键因素这一大背景下，本书回顾了国内外学术界对商业银行信用风险管理的研究，并结合国际先进银行的管理经验和我国现有管理实践的不足，从单一客户限额、行业组合管理、集中度三个维度，对中国商业银行信用风险管理作切合实际的改进尝试，为优化中国商业银行的信用风险管理提供了一定参考，力争让中国商业银行在信用风险管理上更精确，授信策略上更有据可依，最终帮助中国商业银行实现提高收益，降低风险，增加价值的目的。

总结前面章节的理论探讨和实证分析，可以得到以下几点结论。

第一，本书设计了单一客户授信限额的多因子授信模型，通过将单一客户的授信限额分解为企业还款能力与银行贷款意愿两部分，将客户按归属轻、重资产行业划分，分别选取销售收入和净资产作为评估企业还款能力的关键指标，并较为全面地考察了财务及非财务因素对银行授信意愿的影响。实证分析表明：企业的违约可能性对银行贷款意愿为负影响，但在控制违约可能性的情况下，企业的债务水平和应急偿债能力对其为正影响；企业是否盈利对银行贷款意愿为正影响，但在控制了是否盈利的情况下，毛利率越高银行贷款意愿越低；高成长性对银行贷款意愿为负影响；社会融资环境对银行贷款意愿为正影响；企业产权性质和上市情况对这种结论没有显著影响。

第二，本书提出了具有理论和实际应用价值的信贷组合优化模型：基于最优增长率的均值方差模型、专家判断优化模型。这些模型弥补了现有研究较少考虑风险相关性，资本约束、集中度约束等方面的不足，既简便可操作，又实现了收益、风险和资本效率间的平衡。实证研究充分展示了上述信贷组合优化模型的优点，通过研究我国商业银行的历史数据，发现基于最优增长率的均值方差模型的组合结果对原来的行业信贷组合有很大的改进，在此基础上，专家判断优化模型又提高了基准优化模型在行业信贷组合上的表现。这些说明行业信贷组合优化的定量模型在提升收益、降低风险和提升资本使用效率方面能发挥改善人工组合的功效。

第三，基于市场公开数据，选用 HHI 和比例法作为集中度的指标，考虑了集中度滞后一期的累积影响，使用固定效应模型和 F 检验验证了行业集中度、客户集中度、经济周期、银行产权性质对商业银行信用风险水平的影响。实证分析表明：行业累积集中度提升会增加商业银行的风险，客户累积集中度提升会降低商业银行的风险。在经济上行周期，对于大型国有银行，行业集中度对银行风险的正向影响被显著加强。但经济周期和商业银行所有权性质差异并没有影响客户集中度对资产质量的影响。

二、政策建议和研究展望

2008 年国际金融危机以来，以《巴塞尔协议Ⅲ》为代表的金融监管新标准对国际主流银行的金融改革产生了重要影响，2009 年，我国成为金融稳定理事会（FSB）和巴塞尔委员会成员国，标准更为严格的国际监管准则对我国的信用风险管理也提出了更高的要求。在立足我国银行业发展实践的基础上，充分吸取 2008 年国际金融危机的经验教训，借鉴国际先进银行业的信用风险管理经验，优化我国商业银行的信用风险管理，对于深化供给侧结构性改革，提高金融服务实体经济的效率和推动经济高质量发展具有重要意义。本书通过对银行业单一客户限额、行业组合管理以及集中度方面的探索和研究，对我国商业银行进一步优化信用风险管理提出以下建议。

第一，应进一步提升银行业信用风险管理的量化水平。持续推动量化方法在客户准入、授信审批、限额核定、组合管理等授信策略制定中的应用，让量化工具和大数据技术在帮助银行更快、更有效地了解自身风险偏好、判断企业偿债能力、评估行业收益及风险水平方面发挥积极作用，为银行的行业信贷政策制定和客户授信审批判断提供有力的数据支撑和量化依据。

第二，在借鉴学术前沿研究成果和国际先进银行经验时，要因地制宜，考虑我国的经济结构及银行业务的具体特点，寻找最优模式。并不是最复杂或者最高级的模型才是好方法，有效实用、能控制风险的模型才是值得选择的。我国的行业结构、经济发展阶段以及银行业的管理实践与国外存在较大差异，因此，不能完全照搬国际经验，而要根据我国的金融发展情况进行相应调整。

第三，在管理的思路上，应从被动接受模型结果，或是发生了不良才进行"救火队"式的被动管理，向积极进行资产配置，主动管理风险转变。在模型中嵌入专家判断的约束，使模型的输出值有更多的现实考量，依据增长类、维持类、退出类的不同行业划分，引导信贷资源投向收益更高、风险更低、资本效率更高的行业和领域，提升银行资产质量，并借助市场化手段，如二级信贷市场等，积极主动地进行组合管理。

第四，在考虑资产的布局时，银行应充分考虑贷款的收益性、安全性和流动性，注重达到风险、收益和效率的平衡。秉承一个债权人应有的稳健作风和风险偏好，行稳致远，不应因为一时的高收益而产生投放贷款冲动，这可能会给银行带来全额本金及利息的损失，赔了夫人又折兵。同时，应关注大额风险暴露，合理设定限额，把控集中度风险，防范因为过度集中投放贷款而引起的巨额损失。

第五，应从行业和客户的维度综合把控信用风险。从银行判断企业还款能力的角度来讲，可以划分轻、重资产行业，并分别关注负债收入比和资产负债比的财务指标。具体应用指标时，应主要考虑企业在行业中的相对位置，来判断企业的还款能力。从集中度的角度来讲，为降低信用风险，银行应分散配置信贷资源，降低行业集中度，但将资源相对集中于行业内的大型优质客户。商业银行应抑制投资冲动，采用降低行业集中度的手段制定授信策略，防止产能过剩，不良增加，但对优质大客户设定一定的准入和审批优惠条件，建立战略重点客户名单。这在不同经济周期，对不同产权性质的商业银行都有所裨益。

第六，从监管的角度来讲，一方面，要为银行的发展创造良好的经营环境，如出台较为明晰的产业政策，给予银行更为清晰的指导，在支持高成长性的轻资产企业方面，鼓励银行成立股权类的子公司，或者采取"投贷联动"专项额度等创新方式，这既支持了具有新业态、新模式等的新型客户，又能解决此类客户与银行作为审慎的存款性债权人偏好不一致，从而融资困难的问题。另一方面，金融监管也要"长牙齿"，加强对商业银行大额风险暴露的管理，严惩违规行为，防止集中度风险过高引发的系统性金融风险。

商业银行信用风险的管理虽然可以追溯到 19 世纪初，拥有 200 多年的历史，但它又是历久弥新的，随着经济的发展和金融监管的改革而不断发生改变。近年来，商业银行的信用风险又呈现了一些新特点，在本书的基础上，未来的研究还可以从以下方面进一步追踪和探索。

第一，信用风险的管理研究可以从行业、客户、区域和产品等不同维度切入，本书侧重于其中的行业和客户两个角度，未来的研究可以从更多的角度进行探索，同时，将不同维度的模型和指标结合起来，建立一个一致性的框架，使自上而下的切分和自下而上的加总相容，避免产生不同维度结果相冲突的情况。

第二，就客户维度而言，进一步地，可以考虑对集团客户风险限额进行研究，集团客户存在风险的关联性、传染性及信息不透明等问题，造成了商业银行多头授信、过度授信和不当分配授信额度的局面，再加上这些企业一般是当地龙头，处于强势地位，一旦风险暴露，银行在资产处置和风险化解上会处于不利的地位，因此需要构建集团客户风险限额的量化模型和管理机制，有效把控集中度风险。

第三，就行业维度而言，近年来随着《巴塞尔协议Ⅳ》的出台①和

---

① 巴塞尔委员会于 2017 年发布了银行业全球监管框架的一系列改革建议，拟对银行业的资本管理提出更高的要求，简化内评法模型，并对不同银行间内评模型进行标准化，使其更具可比性，在业界被称为《巴塞尔协议Ⅳ》，危机后的管理框架最终版于 2019 年发布，并要求银行于 2022 年初开始采纳，2027 年初完全应用。由于新冠肺炎疫情危机，实施要求被考虑延后一年。这将大幅提高银行对资本的要求。

IFRS9[①] 的落地，对 RWA、经济资本、风险和利润等的计量和评估要求发生了较大变化，需要将这些因素纳入原有的组合管理模型的参数设定中。举例而言，在国际信贷组合管理协会（IACPM）2017 年对全球 44 家大型银行的调查中，国际上 40% 以上的大型银行会使用 RAROC（风险调整后的资本收益率）来作为业绩考核的指标，但在 2019 年 IACPM 对全球 49 家银行的调查中，60% 以上的大型银行会使用 RORWA（加权风险资产收益率）作为业绩考核的指标。这一趋势的改变在某种程度上是因为前者考虑的是拨备和税后收益，后者更多地考虑了拨备和税前的收益，更能反映真正的盈利能力，受监管变化影响较小。

第四，从区域维度考虑，本书主要考虑的是商业银行在境内信贷的布局情况，但在新发展格局下，不仅应关注国内大循环，而且还要考虑国内国际双循环。特别是新冠肺炎疫情以来，海外经济受到严重冲击，油气、航空、非必要零售、商业地产等行业首当其冲，一些百年老店和龙头企业也出现了财务困境。而我国各商业银行在全球化的大潮中国际化程度不断提升，境外资产质量也会受到这些因素的考验，这就需要信用风险的管理者从国别风险入手，对不同国家和区域的情况进行深入了解，因地制宜地设定区域限额，并对不同规模的海外机构分层管理，对重点机构的高风险行业和客户单独设定限额，把控集中度风险。

第五，从产品维度考虑，本书主要对贷款进行了分析，但银行在实际经营中产品种类繁多，创新层出不穷，表内、表外甚至是类信贷产品都有与信用风险相关联的部分，应该从全口径出发，强调统一授信的概念，防范绕道投放、明股实债、影子银行等一系列问题出现。与此同时，还应关注银行持牌的经营子公司所涉产品的信用风险问题，特别是实质需要银行母公司最终承担信用风险的产品，从根本上守住风险底线。2008 年国际金融危机时，许多欧美大型银行的特殊目的公司（SPV）经

---

① IFRS9 从 2018 年初起生效，其中一大变化是对金融工具损失准备的确认上，对于预期信用损失 ECL，将计提减值准备分为三个阶段，第一个阶段计提 12 个月的预期损失，第二个阶段和第三个阶段计提全期现金流的预期损失，这将会大幅提升银行的拨备，对银行利润造成较大影响。

营一些复杂的衍生品，这些子公司在平时和集团相对独立，但在危机来临时，产品一旦大规模违约就会对集团造成严重的声誉风险，最终只能依靠集团输血救助来补充资金，因此，进一步地，也要考虑综合化经营子公司产品的声誉风险转换为信用风险的问题。

第六，近年来，环境与气候风险的讨论日渐从倡议转变成具体的行动。欧洲和我国的监管机构都鼓励将这一风险纳入银行战略及授信全流程之中。习近平总书记在 2020 年 9 月 22 日联合国大会上宣布我国争取在2060 年前实现碳中和目标后，相关产业的转型，依据碳排放强度的差异，将导致企业的财务状况发生不同程度的变化，并影响银行的资产质量，而极端天气本身也会对银行授信客户的经营及抵（质）押品产生冲击。因此积极将环境与气候风险纳入信用风险分析的框架，主动识别、评估和应对这一风险，提前做好资产配置的调整，就变得非常重要，是未来信用风险管理优化需要考虑的重要议题。

参考文献

［1］巴曙松，陈剑．贷款集中度风险：当前信贷风险管理与监管的关键因素［J］．金融管理与研究，2010（8）：18-21.

［2］才法远，王新华.2008年金融机构贷款的投向分析［J］．中国金融，2009（4）：57-59.

［3］陈及，欧阳颖，陈宏．信用风险限额的构建方法——内部评级体系的应用［J］．国际金融研究，2008（4）：43-51.

［4］陈红艳，王加中．银行信贷中的行业风险测度［J］．金融论坛，2010（12）：30-35.

［5］陈林，周宗放．商业银行集团客户统一授信额度的优化配置研究［J］．中国管理科学，2015，23（2）：39-43.

［6］陈燕．商业银行信用风险限额管理研究［D］．上海：复旦大学硕士学位论文，2011.

［7］程功，张维，熊熊．基于信用评级的银行风险限额测算方法［J］．管理科学，2006，19（2）：66-71.

［8］丁建臣，马鑫媛．银行大额风险暴露管理［J］．中国金融，2016（3）：39-40.

［9］常艺．基于CreditMetrics模型对我国信贷组合信用风险度量研究［D］．成都：西南财经大学硕士学位论文，2013.

［10］陈强．高级计量经济学及Stata应用［M］．北京：高等教育出版社，2014.

［11］迟国泰，丁士杰．基于非预期损失控制的资产组合优化模型［J］．数量经济技术经济研究，2018，35（3）：150-167.

［12］迟国泰，洪忠诚，赵志宏．基于行业组合的贷款总体风险优化决策模型［J］．管理学报，2007，4（4）：398-403.

［13］迟国泰，王际科，齐菲．基于 CVaR 风险度量和 VaR 风险控制的贷款组合优化模型［J］．预测，2009，28（2）：47－52.

［14］杜金富，徐洁勤，徐晓飞．如何有效防范化解信贷市场风险？——研究综述与展望［J］．金融监管研究，2019（8）：1－15.

［15］段翀．商业银行最优贷款组合定价研究——基于风险调整资本收益最大化模型的分析［J］．价格理论与实践，2019（8）：92－95.

［16］费菊花．现代投资组合理论与银行信贷组合风险管理［J］．中国集体经济，2012（16）：132－133.

［17］顾海峰，戴云龙．贷款集中、货币政策与银行风险承担——来自 2007—2017 年中国银行业的证据［J］．金融论坛，2019（10）：24－35＋47.

［18］何珊，刘振东，马小林．信用评分模型比较综述——基于传统方法与数据挖掘的对比［J］．征信，2019（2）：57－61.

［19］胡威．基于 RAROC 最优的中国商业银行贷款组合管理研究［D］．成都：西南交通大学博士学位论文，2012.

［20］黄有为，王勇，王继娜．经济快速下滑与基于贷款损失准备的商业银行风险应对——来自中国上市、非上市商业银行的经验证据［J］．税务与经济，2017（2）：17－24.

［21］IACPM. 信贷组合管理工具——新兴市场总览［A］．天弈风险管理研究院，信贷组合管理国际高峰论坛，2011.

［22］姜大治，迟国泰，林建华．基于有效边界的贷款组合优化决策模型［J］．哈尔滨工业大学学报，2002，34（5）：614－617.

［23］蒋书彬．基于 KMV 动态违约距离的商业银行信用风险研究［J］．金融与经济，2016（5）：61－65＋27.

［24］梁飞媛．基于宏观经济波动的财务指数预警矩阵实证研究［J］．山西财经大学学报，2016（S2）：11－14.

［25］梁伟森，温思美．涉农中小企业贷款违约风险评估研究——基于"新三板"农林牧渔类企业数据［J］．农村经济，2019（11）：93－100.

［26］刘春志，范尧熔．银行贷款集中与系统性风险——基于中国上市商业银行（2007—2013）的实证研究［J］．宏观经济研究，2015（2）：94－108．

［27］刘清涛．中国银行业信贷集中度风险计量与监管研究［D］．武汉：华中科技大学博士学位论文，2017．

［28］刘祥东，王未卿．我国商业银行信用风险识别的多模型比较研究［J］．经济经纬，2015，32（6）：132－137．

［29］刘艳萍，王婷婷，迟国泰．基于风险价值约束的贷款组合效用最大化优化模型［J］．系统管理学报，2009，18（2）：121－129．

［30］刘源．基于 CreditRisk＋模型的银行信用风险量化实证研究［J］．现代金融，2011（12）：46－48．

［31］李麟，索彦峰．经济波动、不良贷款与银行业系统性风险［J］．国际金融研究，2009（6）：55－63．

［32］潘沁．基于价值创造的商业银行风险偏好及限额管理［J］．金融纵横，2019（4）：42－47．

［33］秦学志，魏强，胡友群．信贷组合集中度风险计量模型综述［J］．现代管理科学，2012（1）：23－24．

［34］任秋潇，王一鸣．信贷集中度会影响商业银行的资产质量水平么？——来自中国 A 股 16 家上市银行的证据［J］．国际金融研究，2016（7）：62－73．

［35］宋振文，闫钰炜．浅谈信贷风险管理中判别分析模型的应用［J］．财会通讯，2010（5）：153－154．

［36］孙健翔，巴曙松，朱元倩．银行大额风险暴露的测度及监管框架［J］．金融论坛，2014（2）：65－71．

［37］熊启跃，黄宪．资本监管下货币政策信贷渠道的"扭曲"效应研究——基于中国的实证［J］．国际金融研究，2015（1）：48－61．

［38］谢晓雪．有效落实大额风险暴露监管新规［J］．中国金融，2020（4）：49－51．

［39］徐劲．行业信用风险限额测算的方法与实证［J］．统计与决

策，2013（22）：144 - 147.

［40］徐岩岩，赵正龙．我国商业银行信用风险亲周期性的实证分析与对策研究［J］．新金融．2011（2）：40 - 44.

［41］徐少君，金雪军．信用集中风险研究新进展［J］．金融理论与实践，2010（7）：3 - 8.

［42］颜新秀，王睿．银行业集中度风险的计量与监管——国际经验及对我国的启示［J］．中国金融，2010（3）：23 - 25.

［43］杨中原，许文．基于 VaR 和集度约束的贷款组合优化模型［J］．经济数学，2011，28（2）：85 - 88.

［44］王富华，姜姗姗．基于风险与收益的上市银行贷款集中度研究［J］．经济经纬，2012（5）：166 - 170.

［45］王力伟，刘红梅，蒋勇．BaselII 渐近单风险因子模型的局限性及其修正［J］．国际金融研究，2012（5）：49 - 56.

［46］王胜邦，王瑾．信用风险内部评级法监管改革［J］．中国金融，2016（12）：28 - 31.

［47］王顺，赵擎．信用风险模型及其适用性分析［J］．经济研究导刊，2010（32）：130 - 131.

［48］魏国雄．集中度风险管理，问题与防范［J］．银行家，2010（6）：10 - 14.

［49］文忠平．基于 RAROC 最优的中国商业银行贷款组合管理研究［D］．成都：西南交通大学博士学位论文，2012.

［50］武剑．商业银行经济资本配置与管理［M］．北京：中国金融出版社，2009.

［51］吴世农，卢贤义．我国上市公司财务困境的预测模型研究［J］．经济研究，2001（6）：46 - 55.

［52］吴晓楠，刘凯敏，黄安定．财务困境预警模型与银行信贷风险的识别与防范［J］．金融理论与实践，2010（1）：43 - 46.

［53］夏华，陈中基，刘军．客户综合授信额度测算研究——以中部 Z 银行为例［J］．金融理论与实践，2018（1）：40 - 45.

［54］许林，李馨夏．基于修正 KMV 模型的我国科技型中小企业信贷风险测算研究［J］．浙江金融，2018（8）：37 – 45．

［55］杨秀云，蒋园园，段珍珍．KMV 模型在我国商业银行信用风险管理中的适用性分析及实证检验［J］．财经理论与实践，2016，37（1）：34 – 40．

［56］尹钊，韩佳菲．信用风险模型比较及实证研究——以房地产企业为例［J］．中央财经大学学报，2015（S2）：23 – 30．

［57］曾嵘欣．基于 BP 神经网络的商业银行信用风险度量模型研究［J］．金融发展研究，2018（6）：68 – 73．

［58］张棋．组合风险管理视角下信贷结构的优化［J］．金融论坛，2013（5）：66 – 72．

［59］张文锋．商业银行风险限额管理监督研究［J］．金融理论与实践，2014（3）：74 – 77．

［60］张雪兰，何德旭．货币政策立场与银行风险承担——基于中国银行业的实证研究（2000—2010）［J］．经济研究，2012（5）：31 – 44．

［61］郑冲．组合管理视角下银行信贷的退出——基于 Creditrisk + 模型的应用分析［J］．金融论坛，2009（2）：34 – 41．

［62］周明浩，王晓莹．信用贷款额度测算研究［J］．金融理论与实践，2010（2）：83 – 85．

［63］Acharya, V. V. , Hasan, I. , and Saunders, A. Should Banks Be Diversified? Evidence from Individual Bank Loan Portfolios［J］. Journal of Business, 2006, 79（3）：1355 – 1412.

［64］Afzal, A. , Mirza, N. and Mir, A. Determinants of Credit Infections：Evidence from Banking Sector in An Emerging Economy［J］. Lahore Journal of Business, 2018, 6（2）：47 – 62.

［65］Altunbas, Y. , Gambacorta, L. and Marques – Ibanez, D. Does Monetary Policy Affect Bank Risk?［J］. International Journal of Central Banking, 2014, 10（1）：95 – 135.

［66］Altman E I. Financial Ratios, Discriminant Analysis and the Prediction of Corporate Bankruptcy [J]. The Journal of Finance, 1968, 23 (4): 589 – 609.

[67] Altman, E. I. , Haldeman R G, and Narayanan P. ZETATM Analysis A New Model to Identify Bankruptcy Risk of Corporations [J]. Journal of banking & finance, 1977, 1 (1): 29 – 54.

[68] Altman, E. I. , Hartzell, J. , and Peck, M. A Scoring System for Emerging Market Corporate Bonds [M]. Salomon Brothers, 1995b.

[69] Altman, E. I. Predicting Financial Distress of Companies: Revisiting the Z – score and ZETA Models [M]. Handbook of Research Methods and Applications in Empirical Finance, 2000.

[70] Altman, E. I. and Rijken, H. A New Default Prediction Model: the Z – Metrics Approach [M]. Risk Metrics Corporation, 2010.

[71] Altman, E. I. , and Sabato, G. Modeling Credit Risk of SMEs: Evidence from the US Market [J]. Abacus, 2007, 43 (2): 332 – 357.

[72] Altman, E. I. , Sabato, G. , and Wilson, N. The Value of Non – financial Information in Small and Medium – sized Enterprise Risk Management [J]. The Journal of Credit Risk, 2010b, 6 (2): 95 – 127.

[73] Altman, E. I. A Fifty – year Retrospective on Credit Risk Models, the Altman Z – score Family of Models and Their Applications in Financial Markets and Managerial Strategies [J]. Journal of Credit Risk, 2018, 14 (4): 1 – 34.

[74] Baele, L. , Jonghe, O. D. , and Vennet, R. V. Does the Stock Market Value Bank Diversification? [J]. Journal of Banking & Finance, 2007, 31 (7): 1999 – 2023.

[75] Basel Committee on Banking Supervision (BCBS) . Basel III: A Global Regulatory Framework for More Resilient Banks and Banking Systems [R]. Bank for International Settlements, 2010.

[76] Banerjee, R. , and Hofmann, B. The Rise of Zombie Firms: Causes and Consequences [J]. BIS Quarterly Review, 2008, September, 67 – 78.

［77］Bazzi, M. and Hasna, C. Rating Models and Its Applications: Setting Credit Limits ［J］. Journal of Applied Finance and Banking, 2015, 5 (5): 201 -216.

［78］Beaver, W. H. Financial Ratios As Predictors of Failure ［J］. Journal of Accounting Research, 1966, 4 (1): 71 -111.

［79］Bebczuk, R. and Galindo, A. Financial Crisis and Sectoral Diversification of Argentine Banks, 1999 -2004 ［J］. Applied Financial Economics, 2007, 18 (3): 199 -211.

［80］Bertrand - H Abtey, Comment Evaluer Les Risques Lies Aux Investissements ［M］. Dunod, 16 fvrier, 1993.

［81］Berger, A. N. , Hasan, I. , Zhou, M. The Effects of Focus Versus Diversification on Bank Performance: Evidence from Chinese Banks ［J］. Journal of Banking and Finance, 2010, 34 (7): 1417 -1435.

［82］Bernanke, B. and Blinder, A. Credit, Money, and Aggregate Demand ［J］. The American Economic Review, 1988, 78 (2): 435 -439.

［83］Black, F. , and Scholes, M. The Pricing of Options and Corporate Liabilities ［J］. Journal of Political Economy, 1973, 81 (3): 637 -654.

［84］Borio, C. and Zhu, H. Capital Regulation, Risk - Taking and Monetary Policy: A Missing Link in the Transmission Mechanism? ［R］. BIS Working Papers 268, Bank for International Settlements, 2008.

［85］Bowen, R. M. , Daley, L. A. , and Huber, C. C. Evidence on the Existence and Determinants of Inter - Industry Differences in Leverage ［J］. Financial Management, 1982, 11 (4): 10 -20.

［86］Bruno, V. , Cornaggia, J. , and Cornaggia, K. Does Regulatory Certification Affect the Information Content of Credit Ratings? ［J］. Management Science, 2016, 62 (6): 1578 -1597.

［87］Buch, A. , Dorfleitner, G. , and Wimmer, M. Risk Capital Allocation for RAROC Optimization ［J］. Journal of Banking & Finance, 2011, 35 (11): 3001 -3009.

[88] Calabrese, R, and Porro, F. Single – name Concentration Risk in Credit Portfolios: A Comparison of Concentration Indices [R]. Working Papers, 201214, Geary Institute, University College Dublin, 2012.

[89] Chen, N. , Ribeiro, B. & Chen, A. Financial Credit Risk Assessment: A Recent Review [J]. Artificial Intelligence Review, 2016, 45 (1): 1 – 23.

[90] Crawford, G. S. , Pavanini, N. , and Schivardi, F. Asymmetric Information and Imperfect Competition in Lending Markets [J]. American Economic review, 2018, 108 (7): 1659 – 1701.

[91] Credit Suisse. CreditRisk + : A Credit Risk Management Framework [M]. Credit Suisse Financial Products, 1997.

[92] Crosbie, B. P. and Bohn, J. Modeling Default Risk, Moody's KMV Technical Document [M]. KMV Corporation, 2002.

[93] De Bock, R. and Demyanets, A. Bank Asset Quality in Emerging Markets: Determinants and Spillovers [R]. IMF Working Paper 12/71, 2012.

[94] Dembo, A. , Deuschel, J – D. , and Duffie, D. Large Portfolio Losses [J]. Finance and Stochastics, 2004, 8 (1): 3 – 16.

[95] Diamond, D. Financial Intermediation and Delegated Monitoring [J]. The Review of Economic Studies, 1984, 51 (3): 393 – 414.

[96] Edmister, R. An Empirical Test of Financial Ratio Analysis for Small Business: Failure Prediction [J]. Journal of Financial Education Analysis 1972, 7 (2): 1477 – 1493.

[97] Edward, B. Bank Profitability: Liquidity, Capital and Asset Quality [J]. Journal of Risk Management Financial Institutions, 2016, 9 (4): 327 – 331.

[98] Elsas, R. , Hackethal, A. , and Holzhauser, M. The Anatomy of Bank Diversification [J]. Journal of Banking and Finance, 2010, 34 (6): 1274 – 1287.

［99］Encaoua, D. and Jacquemin, A. Degree of Monopoly, Indices of Concentration and Threat of Entry ［J］. International Economic Review, 1980, 21 （1）: 87 – 105.

［100］Fama, E. F. and French, K. R. Size and Book – to – market Factors in Earnings and Returns ［J］. Journal of Finance, 1995, 50 （1）: 131 – 155.

［101］Figini, S. and Uberti, P. Concentration Measures in Risk Management ［J］. Journal of the Operational Research Society, 2013, 64 （5）: 718 – 723.

［102］Leon, F. Implications of Loan Portfolio Concentration in Cambodia ［J］. Economics Bulletin, AccessEcon, 2017, 37 （1）: 282 – 296.

［103］Freedman, R. , Klein R. and Lederman, J. Artificial Intelligence in the Capital Markets ［M］. Chicago: Probus Publishers. , 1995.

［104］Gambacorta, L. and Mistrulli, P. Does Bank Capital Affect Lending Behavior ［J］. Journal of Financial Intermediation, 2004 （13）: 436 – 457.

［105］Gastwirth, J. L. The Estimation of the Lorenz Curve and Gini Index ［J］. Review of Economics & Statistics, 1972, 54 （3）: 306 – 316.

［106］Giese, G. Enhancing Creditrisk + ［J］. Risk, 2003, 16 （4）: 73 – 77.

［107］Gordy, M. B. A Risk – factor Model Foundation for Ratings – based Bank Capital Rules ［J］. Journal of Financial Intermediation, 2003, 12 （3）: 199 – 232.

［108］Gordy, M. , and Lütkebohmert, E. Granularity Adjustment for Basel II ［R］. Discussion Paper Series, 2, Banking and Financial Studies, Deutsche Bundesbank, 2007.

［109］Gupton, G. M. , Finger, C. C. , and Bhatia, M. Creditmetrics: Technical Document ［M］. JP Morgan & Co. , 1997.

［110］Haldane, A. G. Rethinking the Financial Network ［R］. Bank of

England Working Paper, 2009.

[111] Hannah, L., and Kay, J. A. Concentration in Modern Industry: Theory, Measurement and the UK Experience [M]. Springer, 1977.

[112] Hayden, E., Porath, D., and Von Westernhagen, N. Does Diversification Improve the Performance of German Banks? Evidence from Individual Bank Loan Portfolios [J]. Journal of Financial Services Research, 2007, 32 (3): 123 – 140.

[113] Hibbeln, M. Risk Management in Credit Portfolios: Concentration Risk and Basel II [M]. Springer Verlag, New York, 2010.

[114] Iscoe, I., Kreinin, A., and Mausser, H. Portfolio Credit – risk Optimization [J]. Journal of Banking & Finance, 2012, 36 (6): 1604 – 1615.

[115] IACPM 2019 Principles and Practices in CPM [R]. 2017.

[116] IACPM 2017 Principles and Practices in CPM [R]. 2019.

[117] IACPM and McKinsey. The Evolving Role of Credit Portfolio Management [R]. 2015.

[118] Jensen, M. Agency Costs of Free Cash Flow, Corporate Finance, and Takeovers [J]. American Economic Review, 1986, 76 (2): 323 – 329.

[119] Jiménez, G., Lopez, J. A., and Saurina, J. Empirical Analysis of Corporate Credit Lines [J]. Review of Financial Studies, 2009, 22 (12): 5069 – 5098.

[120] Kamp, A., Pfingsten, A., Behr, A., and Memmel, C. Diversification and the Banks' Risk Return Characteristics – Evidence from Loan Portfolios of German Banks [R]. Discussion Paper, Deutsche Bunderbank, 2007.

[121] Kandrac, J., and Schlusche, B. Quantitative Easing and Bank Risk Taking: Evidence from Lending [R]. Finance and Economics Discussion Series, 125, Board of Governors of the Federal Reserve System, 2017.

[122] Kang, W. and Poshakwale, S. A New Approach to Optimal Capital Allocation for RORAC Maximization in Banks [J]. Journal of Banking & Fi-

nance, 2019, 106 （C）：153 –165.

［123］Khashman, A. Neural Networks for Credit Risk Evaluation：Investigation of Different Neural Models and Learning Schemes ［J］. Expert Systems with Applications, 2010, 37 （9）：6233 –6239.

［124］Kim, D. , and Santomero, A. M. Risk in Banking and Capital Regulation ［J］. The Journal of Finance, 1988, 43 （5）：1219 –1233.

［125］Kluge, J. Sectoral Diversification As Insurance Against Economic Instability ［J］. Journal of Regional Science, 2018, 58 （1）：204 –223.

［126］Koehn, M. and Santomero, A. M. Regulation of Bank Capital and Portfolio Risk ［J］. The Journal of Finance, 1980, 35 （5）：1235 –1244.

［127］Lahmiri, S. , and Bekiros, S. Can Machine Learning Approaches Predict Corporate Bankruptcy? Evidence from a Qualitative Experimental Design ［J］. Quantitative Finance, 2019, 19 （9）：1569 –1577.

［128］Lopez, M. , Tenjo, F. , and Zarate, H. The Risk –taking Channel and Monetary Transmission Mechanism in Colombia ［J］. Ensayos Sobre Politica Economica, 2011, 29 （64）：212 –234.

［129］Lorenz, M. O. Methods of Measuring the Concentration of Wealth ［J］. Journal of the American Statistical Association, 1905, 9 （70）：209 –219.

［130］Gibilaro, L. and Mattarocci, G. Multiple Banking Relationships and Exposure at Default：Evidence from the Italian Market ［J］. Journal of Financial Regulation and Compliance, 2018, 26 （1）：2 –19.

［131］Lütkebohmert, E. Concentration Risk in Credit Portfolios ［M］. Springer Berlin Heidelberg, 2009.

［132］Markowitz, H. Portfolio Selection ［J］. The Journal of Finance, 1952, 7 （1）：77 –91.

［133］Martin, J. S. , and Santomero, A. M. Investment Opportunities and Corporate Demand for Lines of Credit ［J］. Journal of Banking & Finance, 1997, 21 （10）：1331 –1350.

136

［134］Martin, R. , and Wilde, T. Unsystematic Credit Risk ［J］. Risk Magazine, 2002, 15 (11): 123 – 128.

［135］McKinsey. Credit Portfolio View Approach Documentation and User's Documentation ［M］. Zurich, 1998.

［136］Merton, R. C. On the Pricing of Corporate Debt: the Risk Structure of Interest Rates ［J］. The Journal of Finance, 1974, 29 (2): 449 – 470.

［137］Mercieca, S. , Schaeck, K. , and Wolfe, S. , Small European Banks: Benefits from Diversification ［J］. Journal of Banking and Finance, 2007, 31 (7): 1975 – 1998.

［138］Metawa, N. , Hassan, M. K. , and Elhoseny, M. Genetic Algorithm Based Model for Optimizing Bank Lending Decisions ［J］. Expert Systems with Applications, 2017, 80 (1): 75 – 82.

［139］Meyer, A. , Yeager, T. Are Small Rural Banks Vulnerable to Local Economic Downturns? ［J］. Review, Federal Reserve Bank of St. Louis, 2001, 83 (Mar): 25 – 38.

［140］Mossin, J. Equilibrium in a Capital Asset Market ［J］. Econometrica, 1966, 34 (4): 768 – 783.

［141］Nickell, P. , Perraudin, W. , Varotto, S. Ratings – versus Equity – based Credit Risk Models: An Empirical Analysis ［R］. Bank of England Working Papers, 132, Bank of England, 2001.

［142］Nielsen, C. Y. Banks' Credit Portfolio Choice and Risk – based Capital Regulation ［R］. Department of Economics, Lund University, Working Paper, 9, 2016.

［143］Posch, P. Time to Change. Rating Changes and Policy Implications ［J］. Journal of Economic Behavior & Organization, 2011, 80 (3): 641 – 656.

［144］Pfister, T. , Utz, S. , and Wimmer, M. Capital Allocation in Credit Portfolios in A Multi – period Setting: A Literature Review and Practical Guidelines ［J］. Review of Managerial Science, 2015, 9 (1): 1 – 32.

［145］Pykhtin, M. Multi – Factor Adjustment ［J］. Risk Magazine, 2004, 17 (3): 85 – 90.

［146］Quagliariello, M. Banks' Riskiness Over the Business Cycle: A Panel Analysis on Italian Intermediaries ［J］. Applied Financial Economics, 2007, 17 (2): 119 – 138.

［147］Ross, S. A. The Arbitrage Theory of Capital Asset Pricing ［J］. Journal of Economic Theory, 1976, 13 (3): 341 – 360.

［148］Rossi, S. , Schwaiger, M. , and Winkler, G. How Loan Portfolio Diversification Affects Risk, Efficiency and Capitalization: A Managerial Behavior Model for Austrian Banks ［J］. Journal of Banking and Finance, 2009, 33 (12): 2218 – 2226.

［149］Salas, V. and Saurina, J. , 2002. Credit Risk in Two Institutional Regimes: Spanish Commercial and Savings Banks ［J］. Journal of Financial Services Research, 22 (3): 203 – 224.

［150］Salvi, A. , Bussoli, C. , Conca, L. , and Gigante, M. Determinants of Non – Performing Loans: Evidence from Europe ［J］. International Journal of Business and Management, 2018, 13 (10): 230 – 239.

［151］Saunders, D. , Xiouros, C. , and Zenios, S. A. Credit Risk Optimization Using Factor Models ［J］. Annals of Operations Research, 2007, 152 (1): 49 – 77.

［152］Sharpe, W. F. Capital Asset Prices: A Theory of Market Equilibrium under Conditions of Risk ［J］. Journal of Finance, 1964, 19 (3): 425 – 442.

［153］Sirignano, J. , Tsoukalas, G. , and Giesecke, K. Large – scale Loan Portfolio Selection ［J］. Operations Research, 2016, 64 (6): 1239 – 1255.

［154］Slime, B. and Hammami, M. Concentration Risk: The Comparison of the Ad – Hoc Approach Indexes ［J］. Journal of Financial Risk Management, 2016, 5 (1): 43 – 56.

[155] Smithson, C. Credit Portfolio Management [M]. John Wiley & Sons, 2003.

[156] Stiglitz, J. E. , and Weiss, A. Credit Rationing in Markets with Imperfect Information [J]. American Economic Review, 1981, 71 (3): 393 −410.

[157] Stiroh, K. J. , and Rumble, A. The Dark Side of Diversification: the Case of US Financial Holding Companies [J]. Journal of Banking & Finance , 2006, 30 (8): 2131 −2161.

[158] Tabak, B. M. , Fazio, D. M. , and Cajueiro, D. O. The Effects of Loan Portfolio Concentration on Brazilian Banks' Return and Risk [J]. Journal of Banking & Finance, 2011, 35 (11): 3065 −3076.

[159] Uryasev, S. , Theiler, U. A. , and Serraino. G. Risk −return Optimization with Different Risk −aggregation Strategies [J]. Journal of Risk Finance, 2010, 11 (2): 129 −146.

[160] Van Deventer, D. R. A 10 −step Program to Replace Legacy Credit Ratings with Modern Default Probabilities for Counterparty and Credit Risk Assessment. Blog Post, Kamakura Corporation, 2012.

[161] Wilde, T. Probinggranularity [J]. Risk Magazine, 2001, 14 (8): 103 −106.

[162] Wilson, T. C. Creditportfolio risk [J]. Economic Policy Review, 1998, 4 (3): 71 −81.

[163] Ying, Q. , Luo, D. , and Wu, L. Bank Credit Lines and Overinvestment: Evidence from China [J]. The International Journal of Business and Finance Research, 2013, 7 (2): 43 −52.

[164] Zamore, S. Beisland, L. A. and Mersland, R. Geographic Diversification and Credit Risk in Microfinance [J]. Journal of Banking & Finance, 2019, 109: 105665.

后　记

在本书付梓之际，一方面我感到由衷的喜悦和激动，毕竟博士四年的研究成果和从事信用风险管理有关工作近 10 年的积累和思考终于成形；另一方面我又感到十分忐忑和惴惴不安，商业银行的信用风险管理是一项源远流长，又创新叠出的工作，其所涉及的领域的广泛性和复杂性使其分析和评估兼具科学和艺术性，对于许多方法选取和评价结果的解读，学界也并未达成共识，还会根据实际的情况而发生变化，究竟要如何进一步优化和完善，仍有许多问题需要研究和探索。从这一角度讲，本书只是做了一点探索工作，更多的是一个开端。希望可以借此抛砖引玉，促使更多关注和思考商业银行信用风险管理的学者与业内人士持续地研究这一领域，推动其不断优化，高质量前行。

在此，我要深深地感谢所有曾经给予我指点与帮助的老师、领导、同学、同事、家人和朋友们。本书的主要章节来自我的北京大学博士论文，衷心感谢我的导师王一鸣教授在论文写作过程中给予的谆谆教诲，也感谢北京大学经济学院同学们对我的无私帮助。在本科阶段，王老师就是我的导师，把我领进了金融学学术研究的大门，鼓励我不断探索进步，让我系统地学习金融学的理论与方法，我工作后，王老师还鼓励我继续进行学术研究，攻读博士学位，并经常一起就现实世界中的学术应用进行探讨，不断激发我的研究兴趣与灵感。

感谢在中国银行工作的各位领导对我的悉心栽培，各位同事的互相鼓励与支持。我 2012 年硕士毕业后进入银行工作，正赶上中国经济下行，银行资产质量承压，从事信用风险管理有关工作给予了我撰写本书第一手的鲜活认识和实践经验，是理论研究的源头活水。记得刚入行的时候，领导就对我说，在银行工作，不仅要有学历，更要有经历，只有切身感受过完整的周期，才能练就一双"火眼金睛"，对客户和行业有更深刻的理解和认识。这些话鼓励着我不断思考和总结，从实践出发，通过理论研究去解决实际问题。

　　最后感谢我的家人，感谢父母在我成长道路上无私且不计回报的付出，他们的鼓励、叮咛与言传身教不断地激励我去前进、去追赶、去超越，他们是我永远的港湾和依靠。感谢我的先生对我一如既往的支持和鼓励，在学生时代他跟我一起讨论问题，提供智力支持；工作后他练就了精湛厨艺，为我和孩子提供无私支持。感谢我的儿子，他是我每天疲惫与琐碎生活中的一抹灿烂的阳光。再次感谢我的家人，让我在忙碌的工作和带孩子之余，还能有机会整理书稿，实现自己的学术理想。希望今后我能以更好的方式回报他们伟大的爱。

任秋潇

2021 年 3 月